Norbert J. Heigl
Schnellkurs Marktforschung

Kaufmännisches Grundwissen
für Neu- und Quereinsteiger

Norbert J. Heigl

Schnellkurs Marktforschung

Bibliografische Information Der Deutschen Bibliothek
Die Deutsche Bibliothek verzeichnet diese Publikation in der Deutschen Nationalbibliografie; detaillierte bibliografische Daten sind im Internet über http://dnb.ddb.de abrufbar.

Das Werk und seine Teile sind urheberrechtlich geschützt. Jede Verwertung in anderen als den gesetzlich zugelassenen Fällen bedarf deshalb der vorherigen schriftlichen Einwilligung des Verlages.

Lexika Verlag erscheint bei Krick Fachmedien GmbH + Co. KG, Würzburg

© 2004 Krick Fachmedien GmbH + Co. KG, Würzburg
Druck: Schleunungdruck GmbH, Marktheidenfeld
Printed in Germany
ISBN 3-89694-317-0

Vorwort

Sie gehören zu den Menschen, die einerseits gern pragmatische Ansätze suchen, andererseits aber keine Patentrezepte erwarten? Sie wollen schnell umsetzen, aber sich zunächst einen Überblick verschaffen? Sie suchen nach Möglichkeiten, wie Sie mehr über Ihren individuellen Markt, Ihre Kunden, Ihr eigenes Unternehmen erfahren, um Marktpotenziale für sich zu nutzen? Sie bauen bei unternehmerischen Entscheidungen gern auf verlässliche Informationen? Sie wollen beim Thema Marktforschung fundiert mitreden können, aber haben keine Lust auf dicke wissenschaftliche Wälzer?

Dann sind Sie hier genau richtig. Dieser Schnellkurs vermittelt Ihnen zügig Einblick in den marktforscherischen Gesamtprozess, der bei anstehenden unternehmerischen Entscheidungen beginnt, sich über die Phasen der Durchführung erstreckt und bis hin zur Umsetzung der Erkenntnisse reicht. So kommen Sie schnell „auf Kurs".

Sie lernen praxiserprobte Instrumente der Markterkundung kennen, die Sie sofort anwenden können, ohne in ungeplanten Aktionismus zu verfallen. Sie lesen, wie Sie budgetschonend und systematisch Methoden einsetzen können, um mehr darüber zu erfahren, was zum großen Teil Ihren unternehmerischen Erfolg beeinflusst – Ihr Markt mit Ihren Kunden.

Nach der Lektüre dieses Buchs werden Sie in der Lage sein, als Unternehmer ein eigenes Marktforschungsprojekt durchführen zu können oder zugekaufte Fremdleistung fundiert zu kontrollieren.

Ich möchte mich sehr herzlich bei meiner Partnerin, Simone Reich, bedanken, die mich tatkräftig bei der Recherche, Korrektur und als thematische Sparringspartnerin motivierend unterstützt hat. Ebenso gilt mein Dank der stets optimistischen Projektleiterin, Claudia Müller vom Lexika Verlag, für die kooperative und verständnisvolle Zusammenarbeit.

Deggendorf, im März 2004, Norbert J. Heigl

Inhaltsverzeichnis

	Vorwort	5
1	**Was ist Marktforschung? Einführung und wichtige Grundlagen**	9
1.1	Grundbegriffe der Marktforschung	9
1.2	Allgemeine Vorurteile	11
1.3	Abgrenzung zu Meinungs-, Marketing- und Absatzforschung	13
1.4	Praxisorientierte Definition von Marktforschung	13
2	**Welchen Nutzen bringt Marktforschung?**	15
2.1	Sinn und Notwendigkeit aktueller Daten für Entscheidungsprozesse im Unternehmen	16
2.2	Phasen eines Entscheidungsprozesses	18
2.2.1	Analysephase	19
2.2.2	Zielfindungsphase	20
2.2.3	Lösungsphase	20
2.2.4	Beurteilungsphase	22
2.2.5	Realisierungs- und Kontrollphase	23
2.3	Wettbewerbsvorteil durch Information	25
2.4	Aufgaben der Marktforschung	26
3	**Welche Art von Daten ist sinnvoll?**	29
3.1	Die Zielorientierung kommt zuerst	29
3.1.1	Markt – Marktgrößen und Marktkennzahlen	29
3.1.2	Kunde – von Haupt- und Nebenzielgruppen	31
3.1.3	Unternehmen	33
3.1.4	Wettbewerb	35
3.1.5	Umwelt	36
3.2	Das Verhältnis von Aufwand und Nutzen	38
3.3	Wie werden die Daten verwendet?	39
4	**Wie führen Sie Marktforschung durch? Der Marktforschungsprozess**	41
4.1	Phase 1: Problem definieren	42
4.2	Phase 2: Datenverwendung bestimmen	43
4.3	Phase 3: Forschungsdesign gestalten	43
4.3.1	Explorative Forschung	44

4.3.2	Deskriptive Forschung	44
4.3.3	Kausalanalytische Forschung	45
4.4	Phase 4: Forschungsplan entwickeln	46
4.5	Phase 5: Datenerhebung durchführen	48
4.6	Phase 6: Daten analysieren und interpretieren	48
4.7	Phase 7: Daten dokumentieren und präsentieren	49
4.8	Phase 8: Gewonnene Erkenntnisse umsetzen	50

5	**Mit welcher Methode fangen Sie an?** **Sekundärforschung als kostengünstige Methode**	**51**
5.1	Interne Informationsquellen der Sekundärforschung	53
5.2	Externe Informationsquellen der Sekundärforschung	54
5.3	Internet als interne und externe Informationsquelle der Sekundärforschung	56
5.3.1	Suchdienste	57
5.3.2	Newsgroups und Mailinglisten	61
5.3.3	Online-Datenbanken	61
5.3.4	Virtual Communities	62
5.3.5	Webseiten der Wettbewerber	62

6	**Wie kommen Sie an unternehmensspezifische Marktdaten?** **Primärforschung zur Steuerung des Marketingmanagements**	**65**
6.1	Gütekriterien	65
6.2	Auswahlkriterien und -verfahren	67
6.2.1	Einfache Zufallsauswahl	68
6.2.2	Komplexe Zufallsauswahl	69
6.2.3	Bewusste Auswahl	70
6.2.4	Stichprobengröße und Stichprobenfehler	72
6.2.5	Systematische Fehler	73
6.3	Befragung	74
6.3.1	Entwicklung eines Fragebogens	75
6.3.2	Persönliches Interview	82
6.3.3	Telefonische Befragung	83
6.3.4	Schriftliche Befragung	84
6.3.5	Gruppeninterview/Kundenforum	86
6.4	Beobachtung	89
6.5	Experiment	94
6.6	Sonstige Möglichkeiten	96
6.6.1	Zusammenarbeit mit Instituten und Schulen	96

6.6.2	Tägliche Marktforschung durch Mitarbeiter	97
6.6.3	Kundenveranstaltungen	97
6.6.4	„Pin-up"-Methode	98
7	**Statistische Auswertungsmöglichkeiten**	**101**
7.1	Univariate Analysemethoden	103
7.2	Bivariate Analysemethoden	105
8	**Nutzen und Umsetzen der Erkenntnisse**	**109**
8.1	Interpretation der Daten	109
8.2	Verfassen eines Forschungsberichts	110
8.3	Präsentationsmöglichkeiten	111
8.4	„Übersetzen" der Erkenntnisse für die Mitarbeiter	113
	Anhang	**115**
	Fragebogen: Imageanalyse eines Autohauses	115
	Zusätzliche Informationen	118
	Literaturverzeichnis	126
	Stichwortverzeichnis	**127**

1 Was ist Marktforschung? Einführung und wichtige Grundlagen

Wenn der Begriff „Marktforschung" ins Spiel gebracht wird, dann klingt das für viele sehr theoretisch und wissenschaftlich. Die Zusammensetzung aus dem gemeinhin abstrakten Wort „Markt" und dem ebenso wenig sofort definierbaren Wort „Forschung" führt unter anderem dazu, dass man diese „Wissenschaft" gern den Großunternehmen und wissenschaftlichen Instituten zuordnet – kurzum: Das ist nichts für die Praxis von Klein- und mittelständischen Unternehmen. Andererseits würde man aber beispielsweise gern wissen, was denn die Kunden wirklich wollen, welches Produkt gute Erfolgsaussichten hätte, ob die eigene Werbung etwas bringt, ob die Preispolitik in Ordnung ist, ob und was man intern schulen sollte etc. Marktforschung kann hier wertvolle Dienste leisten und die oben genannten sowie viele weitere Fragen beantworten.

Dieser Schnellkurs soll einen Impuls für den Abbau von Berührungsängsten mit diesem Thema geben. Er soll dazu beitragen, dass Marktforschung als Informationsbasis für unternehmerische Entscheidungen systematisch und praxisnah genutzt und umgesetzt werden kann.

Der Gedanke der Erforschung des Marktes wurde schon von Kaiser Augustus im antiken Rom verfolgt. Er ließ beispielsweise eine Volkszählung im gesamten Reich durchführen, um eine bessere Steuerschätzung vornehmen zu können. Als die Erfinder einer absatzorientierten und vor allem konsequenten Marktforschung kann man das Handelshaus Fugger in Augsburg nennen. Es betrieb bereits im 19. Jahrhundert eine systematische Markterfassung mittels eigens dafür geschaffener Abteilungen. In der ersten Hälfte des 20. Jahrhunderts wurden dann zahlreiche methodische Grundlagen der Marktforschung entwickelt, die nach wie vor relevant sind. Die letzten 30 Jahre waren geprägt von zunehmender EDV-Unterstützung und dem Einsatz neuer Informations- und Kommunikationstechnologien.

1.1 Grundbegriffe der Marktforschung

Der deutsche Begriff „Marktforschung" ist eigentlich die Übersetzung des englischen Begriffs „Market Research", der entscheidend durch das britische Fachmagazin „Journal of the Market Research Society" geprägt wurde. Nun stellt sich zunächst die Frage, was mit einem Markt gemeint ist. Ein Markt ist grundsätzlich der Ort wirtschaftlichen Handelns. Auf ihm begegnen sich Angebot und Nachfrage, um über die Bildung von Preisen Leistungen auszutauschen. Das klingt nach wie vor ein wenig abstrakt. Zieht man jedoch in Betracht, dass hinter jeder marktwirtschaftlichen Handlung Menschen stecken, die diese Handlungen vollziehen, dann wird auch klarer, warum es sehr interessant sein kann, Informationen über diese Menschen zu sammeln. Ein amerikanischer Marketinggrundsatz lautet: „People buy people, not products", was ausdrückt, dass man sich primär auf die Menschen konzentrieren soll, die hinter den Produkten oder Haushalten stehen und nicht ausschließlich auf abstrakte Marktgrößen. In ähnlicher Richtung möchte ich auch den Marktbegriff bei Ihnen platzieren. Ihr Markt oder Ihre Märkte sind ganz einfach Ihre bestehenden oder zukünftigen Kunden. Marktforschung zu betreiben bedeutet somit, sich für diese Menschen zu interessieren, mehr über Verhalten, Einstellungen, Wünsche, Wesen dieser Menschen zu erfahren, um die Leistungen des Unternehmens profitabel ausrichten zu können. (Marktforschung kann sich auch auf einen anderen Teilmarkt beziehen, z.B. den Beschaffungsmarkt, jedoch wird darauf im Folgenden nicht explizit eingegangen.)

Der Begriff „Forschung" drückt ein systematisches Vorgehen aus, das auf wissenschaftlichen Erkenntnissen basiert, um möglichst Zufälligkeiten zu vermeiden. Speziell bei Klein- und Mittelständlern werden Managemententscheidungen gern „aus dem Bauch heraus" entschieden. „Man weiß ja aus der Erfahrung, was der Kunde will ..." oder „... das haben mir Kunden gesagt ...", solche und ähnliche Aussagen hört man oft in der Beratungspraxis. Das Problem dabei ist, dass es zwar möglich ist, dass dieses Gefühl stimmt, es muss aber nicht zwingend so sein:

> **X Praxisbeispiel:**
>
> In einem umfassenden Beratungsprojekt für ein Kaufhaus hatte ich u.a. die Aufgabe, die Sortimentspolitik zu untersuchen. Dem Projektteam gehörte neben dem Geschäftsführer auch eine erfahrene Einkäuferin an, die bereits viele Jahre den Textileinkauf steuerte. Bei einer Projektsitzung brachte sich diese Dame mit dem Vorschlag ein, dass zwei sehr bekannte Bekleidungsmarken unbedingt ins Sortiment aufzunehmen seien, weil die Kunden das wünschten. Nun hätte eine solche Maßnahme für das Kaufhaus entscheidende Investitionen nach sich gezogen, zudem der zu diesem Zeitpunkt herrschende Projektstand in eine andere Produktrichtung zeigte. Ich bat darum, diese Aussage mit einer repräsentativen Kundenbefragung überprüfen zu dürfen. Das Ergebnis war erstaunlich. Ganze 1,2 Prozent der Kunden wünschten sich die von der Einkäuferin vorgeschlagenen Marken. Wie kam nun diese erfahrene Fachfrau zu dieser Fehleinschätzung? Der Grund war, dass drei gute Freundinnen der Einkäuferin unabhängig voneinander diesen Wunsch persönlich äußerten. Als Eindruck blieb eine Gesamteinschätzung der Kundschaft, die aller Voraussicht nach zu Fehlinvestitionen geführt hätte. Die Kosten für die Kundenbefragung waren verschwindend gering im Vergleich zur eventuellen Fehlinvestition und falschen Produktausrichtung.

Das Praxisbeispiel ist beileibe kein Einzelfall. Tagtäglich werden vielerorts Managemententscheidungen getroffen, die nicht auf systematisch erhobenen Daten, sondern oftmals auf persönlichen Einschätzungen basieren. Es stellt sich die Frage, was Führungskräfte, speziell in kleineren und mittleren Unternehmen, davon abhält, konsequente Marktforschung zu betreiben. Das mag zum großen Teil an weit verbreiteten Vorurteilen liegen, die Thema des folgenden Abschnitts sind.

1.2 Allgemeine Vorurteile

Je unbekannter eine Sache ist, desto höher ist die Wahrscheinlichkeit, dass sich Vorurteile bilden. Im Bereich der Marktforschung ist das nicht anders. Die mangelnde Anwendung führt zu einer Ausprägung von Vorurteilen, die als Vorwand dienen, um Marktforschung auch weiterhin nicht nutzen zu müssen. Wenn man mit Unternehmern über Marktforschung spricht, dann kristallisieren sich vier grundsätzliche Vorurteile heraus, die hier explizit angesprochen werden sollen. Damit es in Zukunft weniger Ausreden in Bezug auf die Anwendung von Marktforschung gibt, sollen folgende vier stereotype Aussagen geklärt werden:

1. Marktforschung kostet viel Geld
2. Marktforschung beherrschen nur Experten
3. Marktforschung bringt nur was für Großunternehmen
4. Marktforschung bedeutet, Leute auf offener Straße befragen

Vorurteil Nr. 1: Marktforschung kostet viel Geld
Die Ausgaben für Marktforschung können schon Millionen ausmachen, aber sie können genauso gut verschwindend gering und die mit ihr ermittelten Informationen trotzdem wertvoll sein. Es hängt sehr davon ab, in welchem Umfang und mit welcher Genauigkeit man etwas messen möchte. Darüber hinaus gibt es genügend Möglichkeiten, Informationen vom Markt zu bekommen, die nicht mit Anschaffungskosten verbunden sind, sondern z.B. „nur" Arbeitszeit kosten. Man denke nur an das Bearbeiten von Reklamationen. Reklamationen und Beschwerden sind beispielsweise kostenlose Informationen, die vom Kunden, also vom Markt, zur Verfügung gestellt werden.

 Zahlreich durchgeführte Trainings im Bereich Beschwerdemanagement zeigen mir immer wieder, dass Reklamationen grundsätzlich von den betroffenen Mitarbeitern als etwas emotional Negatives gesehen werden. Je

> weniger man mit Beschwerden zu tun hat, desto positiver gestaltet sich die Arbeit. Versuchen Sie Ihren Mitarbeitern Beschwerden als Gratis-Marktforschung zu vermitteln, die für das Unternehmen enorm wichtig ist. Vor allem den mit der Annahme von Reklamationen betrauten Mitarbeitern kommt besondere Bedeutung zu. Bedenken Sie: „Erst in der Krise zeigt sich der Wert und die Qualität einer Beziehung." Wenn Mitarbeiter das Gefühl haben, anstatt des Kunden „Prügelknabe" ein wichtiger Bestandteil der Marktforschung und Kundenbindung zu sein, wird sich automatisch das Beschwerdemanagement in Ihrem Unternehmen verbessern.

Viel wichtiger als die Frage, was Marktforschung kostet, ist ohnehin die Frage, welche Marktinformationen das Unternehmen für die Investition im Gegenzug erhält. Die Rentabilität kann z.b. danach beurteilt werden, welche Kosten aufgrund von erhobenen Informationen gespart wurden (siehe obiges Kaufhaus-Beispiel) oder welches Umsatzvolumen aufgrund einer Produktentscheidung generiert wurde usw.

Vorurteil Nr. 2: Marktforschung beherrschen nur Experten
Der Fehler liegt bei diesem Vorurteil in der Ausschließlichkeit. Es gibt Bereiche der Marktforschung, die nur von Experten bedient werden können, beispielsweise bei komplizierten statistischen Berechnungen oder hoch komplexen Laborexperimenten. Auch innerhalb der Gruppe der Marktforscher gibt es Spezialisten für die unterschiedlichsten Aufgaben. Aber eine ganze Reihe von Methoden und Möglichkeiten können ebenso von „Marktforschungslaien" angewandt werden. Dieses Buch ist speziell für diesen Verwendungszweck gedacht.

Vorurteil Nr. 3: Marktforschung bringt nur was für Großunternehmen
In jedem Unternehmen, ob groß oder klein, müssen Tag für Tag Entscheidungen getroffen werden, die Auswirkungen auf die weitere Geschäftstätigkeit haben. Je mehr Informationen zur Verfügung stehen, die eine Entscheidung beeinflussen, desto sicherer kann diese Entscheidung getroffen werden. Das gilt für jedes Unternehmen, egal wie groß es ist. Ein „Ein-Mann-Betrieb" hat ebenso seinen individuellen Absatzmarkt wie ein Weltkonzern, auch wenn die Marktgröße völlig unterschiedlich sein mag. Das Prinzip bleibt das gleiche. Je besser und umfangreicher die Marktinformationen, desto wahrscheinlicher gestaltet sich die Vorausschau und desto stärker kann ein Wettbewerbsvorteil sein.

Vorurteil Nr. 4: Marktforschung bedeutet, Leute auf offener Straße zu befragen
Welches Bild visualisieren Sie, wenn Sie an Marktforschung denken? Haben Sie nicht auch schon an den Interviewer auf offener Straße gedacht? Häufig wird Marktforschung mit Meinungsforschung gleichgesetzt und damit auch das Bild des Interviewers mit Klemmbrett und Kugelschreiber verstärkt (der Unterschied zur Meinungsforschung wird im nächsten Kapitel deutlich). Die persönliche Befragung ist wiederum nur eine von vielen Methoden der Marktforschung. Diese Methode kann für Sie besonders wichtig sein, wenn es beispielsweise darum geht, Ihren Bekanntheitsgrad in Ihrem Markt festzustellen oder eventuell Ihr Image bei der lokalen Bevölkerung zu definieren. Trotzdem ist diese Form nur ein Werkzeug in der ziemlich großen „Werkzeugkiste" der Marktforschung.

1.3 Abgrenzung zu Meinungs-, Marketing- und Absatzforschung

Zieht man verschiedene Fachautoren heran, um die Abgrenzung dieser Begriffe zu definieren, dann stellt man fest, dass es keine allgemeingültigen Abgrenzungskriterien gibt. Die Marktforschung bedient sich mehrerer wissenschaftlicher Disziplinen (z.B. Betriebs- und Volkswirtschaftslehre, Statistik, Psychologie, Soziologie sowie Marketing) und ist daher wissenschaftlich gesehen schwer eindeutig zuzuordnen. Marketing- und Absatzforschung werden mehrheitlich synonym verwendet. Hier ist der Forschungsgegenstand direkt auf den Absatz eines Unternehmens oder einer Branche gerichtet. Das bedeutet, dass die erhobenen Daten ausschließlich zur Unterstützung von Marketingentscheidungen herangezogen werden. Im Bereich der Meinungsforschung liegt der Fokus eindeutig auf der Erhebung von persönlichen Meinungen, die keinen wirtschaftlichen Hintergrund haben müssen. Die allseits bekannte politische Wahlforschung dient hier als Beispiel.
In diesem Buch und damit zur praxisorientierten Anwendung spielen diese Unterscheidungen eine geringere Rolle. Sowohl Marktdaten als auch Meinungen unterstützen unternehmerische Entscheidungen, vereinfachend wird deshalb hier übergreifend der Begriff Marktforschung verwendet.

1.4 Praxisorientierte Definition von Marktforschung

Es gibt eine ganze Reihe von Definitionen zu Markt- und Marketingforschung, die sich nach *Kamenz* entweder auf die systematische und planvolle Markterforschung im Allgemeinen konzentrieren oder mehr auf die Marktforschung als direkte Entscheidungshilfe für Marketingentscheidungen beziehen.

In dem unter 1.3 genannten Sinne soll nun eine Definition gewagt werden, die vor allen Dingen der Praxisorientierung in diesem Schnellkurs entsprechen soll:

> Marktforschung ist das geplante und systematische Sammeln, Analysieren und Interpretieren von Informationen, die zur Unterstützung von Marketingentscheidungen dienen.

2 Welchen Nutzen bringt Marktforschung?

Dies ist wahrscheinlich die zentrale Frage für einen Unternehmer. Den Nutzen einer Sache kann man in der Regel allerdings erst dann beurteilen, wenn man sie eingesetzt hat. Und um sie einzusetzen, muss vorher ein Bedarf dafür vorhanden sein. Solange man aber keine Notwendigkeiten für Marktinformationen verspürt, werden sich auch selten direkte Fragestellungen ergeben, die den Markt betreffen. Um Ihre Fantasie in diesem Bereich ein wenig zu unterstützen, möchte ich Ihnen folgende beispielhafte Fragestellungen und die damit verbundenen Möglichkeiten zeigen:

Fragestellung	Möglichkeiten/Nutzen
Wie hoch ist der Bekanntheitsgrad Ihres Unternehmens in Ihrem Marktgebiet in Prozent?	Die Höhe des Bekanntheitsgrads hat eine starke Auswirkung auf die Art und den Umfang der Werbemaßnahmen.
Was ist Ihre Hauptzielgruppe? Ist diese Zielgruppe profitabel und in ausreichender Anzahl vorhanden?	Das Wissen um die eigenen Zielgruppen erleichtert z.B. die Ausrichtung der Produkt- und Kommunikationspolitik im Sinne einer Marktprofilierung.
Wie gestaltet sich Ihr Firmen-/Produktimage bei Ihren Kunden und bei Ihren Nichtkunden? Was sind Ihre Produktstärken/-schwächen aus Sicht der Kundschaft?	Informationen über das Image offenbaren Schwächen und Stärken aus Sicht der Kunden oder des gesamten Marktes und machen dadurch die Notwendigkeit spezifischer Maßnahmen deutlich.
Wer sind Ihre Wettbewerber? Welche Vorteile können diese bieten? Welchen Kundennutzen können Sie bieten?	Informationen über Wettbewerber machen die Entwicklung eines Alleinstellungsmerkmals möglich.
Wie ist ihr Preisimage? Gelten Sie als preiswert oder teuer?	Das Wissen über die preisliche Bewertung der Kunden erleichtert ein „Ausreizen" der Preisspannen und macht evtl. die Notwendigkeit von Finanzierungsmodellen deutlich.

2 Welchen Nutzen bringt Marktforschung?

Fragestellung	Möglichkeiten/Nutzen
Kaufen Sie Ihre Produkte oder Rohstoffe günstig ein?	Informationen über Beschaffungsmärkte erleichtern Verhandlungen und helfen Kosten zu sparen.
Welche Produkteigenschaft oder Dienstleistung könnte zukünftig gefragt sein?	Eine Vielzahl verschiedenster Marktinformationen erhöht die Wahrscheinlichkeit bei Prognosen.

Übung:

Jetzt sind Sie an der Reihe. Notieren Sie einmal spontan alle Fragestellungen, die Ihnen zu Ihrem Unternehmen einfallen. Welche Informationen interessieren Sie?

_____
_____
_____
_____
_____
_____
_____
_____
_____
_____
_____

2.1 Sinn und Notwendigkeit aktueller Daten für Entscheidungsprozesse im Unternehmen

Vielleicht kennen Sie die alte Managerweisheit: „Lieber eine schlechte Entscheidung als keine Entscheidung." Entscheidungskraft ist eine Eigenschaft, die bei Führungskräften eine bedeutende Position einnimmt und auch ständig durch Rahmenbedingungen, Vorgesetzte und Mitarbeiter eingefordert wird. Tagtäglich müssen in Unternehmen Entscheidungen getroffen werden, die Auswirkungen auf das innere

Sinn und Notwendigkeit aktueller Daten für Entscheidungsprozesse im Unternehmen

und äußere Wirken der Unternehmung haben. Die Kraft zu haben, eine Entscheidung zu treffen ist die eine Sache, die möglichst richtige zu treffen dagegen die wahre Kunst der Entscheidungsfindung. Nach *Kamenz* kann man z.B. Entscheidungen nach drei Kriterien unterscheiden:

1. Entscheidungen unter absoluter Sicherheit
2. Entscheidungen unter Risiko
3. Entscheidungen unter Unsicherheit

Fall 1 würde eintreffen, wenn alle von der Marktforschung zur Verfügung gestellten relevanten Informationen nur eine Entscheidungsalternative zuließen. In diesem Fall trifft sich die Entscheidung quasi von allein aufgrund der Daten. Diese Idealsituation dürfte nur äußerst selten anzutreffen sein.
Im zweiten Fall kann die Marktforschung die nötigen Daten liefern, um das Risiko einer Fehlentscheidung in einem vorher bestimmten Rahmen zu halten.
Die dritte Art der Entscheidungsfindung ist eher die Regel als die Ausnahme. Ein Marktgeschehen ist von so viel ständig veränderten Einflussfaktoren abhängig, dass das sichere Zuordnen von bestimmenden Faktoren schwer fällt. Aktuelle und systematisch geplant erhobene Informationen bieten jedoch hier die Möglichkeit, die Unsicherheit der Entscheidung zu verringern. Besondere Bedeutung kommt hier der Wahl der entscheidungsrelevanten Information zu.
Nun kann man oft schon aus Kostengründen nicht alle relevanten Daten einholen, jedoch sollte das Ziel ein möglichst hoher so genannter Informationsgrad (I) sein. Nach *Weis* ergibt sich die Höhe des Informationsgrads aus dem Quotienten der tatsächlich vorhandenen Informationen und den notwendigen Informationen.

$$\text{Informationsgrad (I)} = \frac{\text{tatsächlich vorhandene Informationen}}{\text{notwendige Informationen}}$$

Der Informationsgrad bewegt sich zwischen den beiden Extremen Null (= vollkommenes Fehlen relevanter Informationen) und Eins (= Vorhandensein aller notwendigen Informationen)

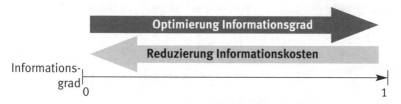

Abb. 1: Gegenläufige Interessen bei der Bestimmung des Informationsgrads

Abbildung 1 soll zeigen, dass man sich als Entscheidungsträger häufig in einem Interessenskonflikt befindet. Auf der einen Seite möchte man möglichst viele brauchbare Informationen bekommen, und auf der anderen Seite will man aber die Kosten für die Generierung der Informationen möglichst niedrig halten. Schon hier wird deutlich, wie wichtig die genaue Bestimmung der Art und des Umfangs der Datensammlung ist. In der Regel wird man sich in einem mittleren Bereich einpendeln, der genügend Informationen möglichst kostengünstig ermöglicht.

2.2 Phasen eines Entscheidungsprozesses

Es gibt in der Literatur eine ganze Reihe von Prozessmodellen zur Entscheidungsfindung. Im Grunde ähneln sich die Modelle inhaltlich sehr stark, nur die Terminologie ist teilweise unterschiedlich. So kann man einen Entscheidungsprozess in folgende sechs Phasen einteilen:

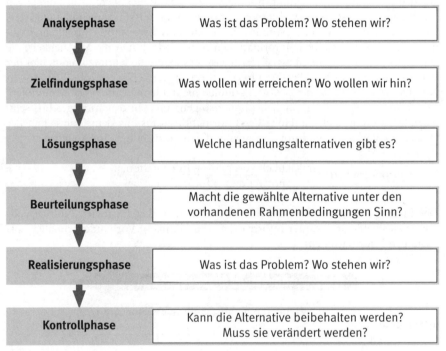

Abb. 2: Phasen eines Entscheidungsprozesses

In jeder Phase werden Daten und Informationen benötigt, um die jeweilige Phase erfolgreich zu gestalten und damit eine „richtige" Entscheidung zu treffen. Die Informationen können entweder aus den jeweiligen Phasen selbst entstehen oder durch geeignete Marktforschungsinstrumente erhoben werden.
Der Beurteilungsphase kommt besondere Bedeutung zu, da in dieser Phase die eigentliche Entscheidungsfindung stattfindet. Hier werden vorhandene Daten abgestimmt, Handlungsalternativen abgewogen und damit die Entscheidung gefällt. Bis zu dieser Phase kann Marktforschung einerseits verschiedene Handlungsalternativen ermöglichen, an die man eventuell nicht gedacht hätte, und andererseits unterstützende Informationen zur Verminderung des Entscheidungsrisikos liefern.

2.2.1 Analysephase

Die Notwendigkeit einer Entscheidung basiert immer auf einem vorhandenen Problem, das gelöst werden soll. Ein Problem muss allerdings nicht unbedingt offenkundig sein. So kann beispielsweise die Suche nach neuen innovativen Produkten in einem Unternehmen Entscheidungen verlangen, bei denen das Problem an sich nicht deutlich wird. Dies könnte in diesem Fall z.B. das Verschlafen von Zukunftsmärkten und als Ergebnis ein Abdriften ins wettbewerbliche Abseits sein.

> **X Praxisbeispiel:**
>
> Ein großer deutscher Sportartikelhersteller bekam Anfang der 90er-Jahre überraschend massive Absatzprobleme in den USA, da neue Trends im Sportkleidungsbereich von anderen Herstellern schneller genutzt wurden als dies das deutsche Unternehmen vermochte. Anscheinend waren im deutschen Management entweder zu wenig Marktinformationen über zukünftige Trends vorhanden oder die Informationen wurden nicht genutzt, weil das Marktproblem nicht als solches erkannt wurde.

Die Analysephase eines Entscheidungsprozesses dient also dazu, die Problemlage genau zu eruieren und zu definieren. Es wird dadurch der so genannte Ist-Stand festgelegt, das Problem differenziert und die Ausgangssituation einschließlich der Rahmenfaktoren beschrieben.
Marktforschung kann hier einen bedeutenden Beitrag leisten. Je spezifischer die vorhandenen Daten sind, desto klarer wird das Problem, respektive die Einfluss nehmenden Parameter.

2.2.2 Zielfindungsphase

Diese Phase wird erfahrungsgemäß gerne vernachlässigt. Die Ausgangssituation scheint für viele Führungskräfte wichtiger als das Ziel. Eine Entscheidung erscheint aber nur dann sinnvoll und effektiv, wenn ein klares Ziel dahinter steht.

Eine leicht zu merkende Hilfe für die Zielfindung ist die Nutzung der so genannten Smart-Kriterien. „Smart" ist der englische Begriff für „clever, schlau, gewitzt". Man könnte also augenzwinkernd sagen, dass Sie clever sein sollen, wenn Sie Ziele definieren. Die Abkürzung „smart" steht für fünf Faktoren eines klaren Ziels:

s	– spezifisch:	Seien Sie möglichst exakt in Ihrer Zielformulierung.
m	– messbar:	Das Ziel sollte möglichst quantitativ oder qualitativ bewertbar sein.
a	– aktuell:	Soll das Ziel wirken, dann ist ein Bezug zur aktuellen Wirklichkeit notwendig.
r	– realistisch:	Die Zielwerte sollten einer realistischen Betrachtung standhalten.
t	– terminiert:	Für die Erreichung des Zieles sollte ein fixer Termin gesetzt werden.

Diese fünf Kriterien sollten Sie sich grundsätzlich immer vor Augen führen, wenn es um die Definition von Zielen geht. Sie unterstützen die Konkretisierung von Zielen enorm.

Im Entscheidungsprozess wird in der Zielfindungsphase der so genannte Soll-Stand bestimmt. Das heißt, man beschäftigt sich beispielsweise damit, wohin es marketingstrategisch gehen soll, welcher Zielzustand optimal wäre, welche Ziele vorgegeben sind (Unternehmens-, Abteilungs-, Absatzziele usw.) oder einfach welche Wunschvorstellung man selbst hat. Daten der Marktforschung bieten in dieser Phase die Möglichkeit, Prognosen zu stellen oder sogar Szenarien zu entwickeln.

2.2.3 Lösungsphase

Der Datenvergleich zwischen Ist-Analyse und Soll-Analyse, also wenn man so will der Vergleich von „Wo stehen wir" und „Wo wollen wir hin", führt in dieser Phase zur Entwicklung von Lösungsmöglichkeiten. Je mehr spezifische Informationen in den beiden vorherigen Phasen gesammelt wurden, desto leichter fällt die Lösung, da sich in der Regel mehrere Handlungsalternativen anbieten. Die Lösungsphase dient ebenso zur Bestimmung der Strategie wie die Diskrepanz zwischen Ist-Stand und Soll-Stand überwunden werden soll. Kreativitätstechniken wie die 6-3-5-Methode, Brainstorming, Morphologischer Kasten oder Synektik können dabei wertvolle Hilfe leisten.

 Wenn Sie vor der Aufgabe stehen, viele Lösungsmöglichkeiten in möglichst kurzer Zeit und unter Einbezug des Wissens mehrerer Kollegen zu entwickeln, dann gibt es eine extrem effektive Möglichkeit – die so genannte **6-3-5-Methode**.
Mit dieser Methode werden Sie mit 4–6 Personen in 30 Minuten 108 Ideen oder Lösungsmöglichkeiten entwickeln. Das klingt unglaublich, ist es aber nicht, wenn Sie folgenden Ablauf und die dazugehörigen Verhaltensregeln beachten. 6-3-5 bedeutet, sechs Personen sollen jeweils in fünf Minuten drei Ideen entwickeln.

1. Setzen Sie sich mit 4–6 Personen an einen Tisch und teilen Sie an jeden ein leeres Blatt Papier (DIN A4) aus.
2. Jeder Teilnehmer malt ein Raster mit drei Spalten und sechs Zeilen auf sein Blatt:

3. Nun wird genau erklärt, wie sich die Ausgangssituation darstellt und für welchen Bereich Lösungen oder Ideen gesucht werden. (Tipp: Je spezifischer der Lösungsbereich vorgegeben wird, desto wertvoller werden hinterher die Ideen.)
4. Sobald alles klar ist, startet der Leiter der Runde den Prozess, indem er das Startzeichen für die Ideenrunde gibt. Nun müssen von jeder Person in fünf Minuten drei unabhängige Ideen entwickelt und in die erste Zeile des jeweiligen Blattes geschrieben werden.
5. Keiner der Personen darf für die nächsten 30 Minuten sprechen. Nur der Leiter der Runde darf jeweils die Zeit ansagen und das Kommando für den Wechsel geben.
6. Nach fünf Minuten werden die Blätter in der Runde im Uhrzeigersinn weitergegeben. Die nächsten fünf Minuten haben zu diesem Zeitpunkt bereits zu laufen begonnen.

7. Nun müssen zunächst die Ideen des Nachbarn gelesen und dann sofort wieder drei neue Ideen entwickelt werden. Regel: Die Ideen darf man noch nicht geschrieben und noch nicht gelesen haben.
8. Da die Zeit immer knapper wird, ist eine weitere Verhaltensregel sehr wichtig. Jedes Feld muss beschrieben werden, auch wenn es sich um eine unrealistische Lösung handelt.
9. Werden die Verhaltensregeln eingehalten, dann hat man nach sechs Runden, also 30 Minuten, 108 Lösungen (6 × 18 Ideen). Die Erfahrung zeigt, dass von diesen 108 Ideen ca. 30–40 Prozent doppelt oder sehr ähnliche Lösungen sind, weitere 30 Prozent eher unrealistisch sind, aber mindestens 20–30 Prozent sehr gute Lösungen entwickelt wurden.
10. Nun kann man sich noch einmal zusammensetzen und gemeinsam die gesammelten Lösungen aussortieren, gewichten und diskutieren sowie die besten Lösungen separat notieren.

Je heterogener die Teilnehmerrunde sich zusammensetzt, desto mehr unterschiedliche Lösungen werden generiert. Diese Methode ist nicht nur extrem effektiv, sondern auch spannend und motivierend zugleich. Da durch das Schweigen keine Wertungen vorgenommen werden können, wird der Mut zur Idee unterstützt. Das Geheimnis liegt in der virtuellen Vernetzung von verschiedenen Gehirnen, da man durch die Ideen der anderen immer wieder auf neue Ansätze stößt. Der Zeitdruck tut sein Übriges, um jeden Teilnehmer zu fordern.

2.2.4 Beurteilungsphase

Wie schon weiter oben angesprochen, ist dies die eigentliche Phase der Entscheidung. Entscheidungsalternativen werden unter Einbezug der relevanten Informationen aus den vorherigen Phasen abgewogen und gewichtet. Haben Sie verschiedene Alternativen zur Verfügung und können sich nicht entscheiden, weil die Möglichkeiten gleichwertig erscheinen, dann kann eine Nutzwertanalyse die Lösung bringen. Im Folgenden wird die Vorgehensweise bei einer Nutzwertanalyse beschrieben. Speziell bei nicht eindeutig quantifizierbaren Entscheidungskriterien zeigen sich ihre Vorteile.

1. Zunächst werden die zu analysierenden Alternativen für ein Vorhaben festgelegt und eindeutig definiert.
2. Im zweiten Schritt entwickelt man dann die verschiedenen Bewertungskriterien. Diesem Schritt sollte man besondere Aufmerksamkeit schenken, da diese Kriterien den eigentlichen Kern der Methode ausmachen.
3. Dann wird für jedes Kriterium die Gewichtung bestimmt. Es bietet sich an, die Werte von 1–3 zu wählen (1: geringste Bedeutung bis 3: höchste Bedeutung im Gesamtzusammenhang)
4. Nun kann die eigentliche Bewertung der Handlungsalternativen erfolgen. Hier werden Zahlen eingesetzt, die den wahrscheinlichen Grad der Veränderung der Alternative zum jetzigen Zustand ausdrücken. Die Skala der Bewertung sollte folgende Werte enthalten:
   0: keine Veränderung
   ± 1: geringfügige Veränderung (Verbesserung [+] / Verschlechterung [-])
   ± 2: deutliche Veränderung (Verbesserung [+] / Verschlechterung [-])
   ± 3: erhebliche Veränderung (Verbesserung [+] / Verschlechterung [-])
5. Danach wird jeder Wert mit dem Gewichtungsfaktor multipliziert.
6. Die dadurch errechneten Werte werden addiert und durch die Summe der Gewichtungsfaktoren geteilt.
7. Das Ergebnis zeigt den Grad der Verbesserung oder Verschlechterung zum Ist-Zustand an, je nach dem, ob der Wert ein positives oder ein negatives Vorzeichen hat.
8. Auf diese Art und Weise wird nun jede vorhandene Handlungsalternative überprüft.

Ein Beispiel für eine Nutzwertanalyse finden Sie auf der folgenden Seite.

2.2.5 Realisierungs- und Kontrollphase

Ist die Entscheidung getroffen, dann geht es in die Realisierungsphase. Die Durchführung der Maßnahme, für die man sich entschieden hat, wird nun möglichst so ausgerichtet, dass die angestrebten Ziele im geplanten Zeitrahmen erreicht werden. Marktforschung hat in dieser Phase die Aufgabe, eventuelle Zwischenziele zu überprüfen.

Am Ende des gesamten Entscheidungsprozesses muss überprüft werden, ob die geplanten Ziele erreicht wurden. Die Kontrollphase dient dazu, Erfahrungen herauszuarbeiten, um künftige Entscheidungsprozesse bei ähnlicher Aufgabenstellung zu optimieren. Ist ein Entscheidungsprozess gut gelaufen, dann sollte man sich die Frage stellen, warum er gut verlief und welche Faktoren für das Gelingen verantwortlich waren. Das Gleiche gilt im negativen Fall. Wichtig ist immer, dass der gesam-

2 Welchen Nutzen bringt Marktforschung?

Nutzwertanalyse vom 10.03.2004 **von** Axel Werter

Handlungsalternative:

Aufbau eines Kundenteams aus relevanten Mitarbeitern versch. Abteilungen und Zusammenlegung in ein Großraumbüro

Bewertung der geplanten Alternative im Vergleich zur derzeitigen Situation im Hinblick auf die Erfüllung der aufgelisteten Kriterien anhand folgender Punkteskala:

± 3 **erhebliche** Veränderungen (Verbesserung, Verschlechterung)
± 2 **deutliche** Veränderungen (Verbesserung, Verschlechterung)
± 1 **geringfügige** Veränderungen (Verbesserung, Verschlechterung)
 0 **keine** Veränderung

Kriterien	A Punkte	B Gewichtung	C Punkte × Gewichtung
1. Erhöhung des direkten Informationsflusses	3	3	9
2. Aktualität der Kundeninformationen	3	2	6
3. Arbeitsklima	−1	2	−2
4. Auftragsdurchlauf	2	1	2
5. Reaktion auf spezielle Kundenwünsche	3	3	9
6. Flexibilität	3	2	6
7. Störungsanfälligkeit bei Kundengesprächen	−3	2	−6
8. Konzentrationsmöglichkeit des Einzelnen	−2	2	−4
9. Kundenorientierung	2	3	6
10. Zeitersparnis/Effizienz	1	3	3
11. Prozesssicherheit	2	1	2
12. Kosteneinsparung	1	1	1
13. Umsatzsteigerung	0	3	0
14.			
15.			
16. Summen		28	32
Koeffizient der Vor- und Nachteile der geplanten Handlungsalternative (Position 16: Summe C : Summe B)			**1,14**

Verbale Bedeutung des Koeffizienten gemäß Punkteskala:

Geringfügige bis leicht deutliche Verbesserung gegenüber der derzeitigen Situation

Abb. 3: Beispiel einer Nutzwertanalyse

te Prozess gut verlief und nicht nur ein Ziel erreicht wurde. Da Ergebnis einer Kontrollphase ist entweder die Adaption oder die Revision einer Entscheidung als Ganzes oder in Teilbereichen in Bezug auf zukünftige Entscheidungen.

2.3 Wettbewerbsvorteil durch Information

Neben den klassischen Produktionsfaktoren Boden, Kapital und Arbeit hat sich inzwischen als vierter Produktionsfaktor die Information etabliert. In dynamischen Märkten wie der High-Tech-Branche hat die Maxime „time to market", also wie schnell man mit einem neuen Produkt auf dem Markt ist, das Thema „Qualität" überholt. Das bedeutet, das Unternehmen aus diesen Bereichen ihre Prioritäten eher auf die Entwicklungsgeschwindigkeit und das rechtzeitige „Timen" des Markteintritts legen als auf eine qualitative Ausreifung des Produkts. Im Softwarebereich spürt das der Endkunde oftmals sehr deutlich, weil er häufig mit unausgereiften Programmen kämpfen muss, die oft schon wenige Monate, teilweise sogar Wochen nach Markteintritt nachgerüstet werden.

Laut *Dannenberg* haben verschiedene Unternehmungsberatungen den Zusammenhang zwischen Informationen und wirtschaftlichem Erfolg exemplarisch in der High-Tech-Branche nachgewiesen.

Wird ein High-Tech-Produkt aufgrund von zu langen Entwicklungs- und Markteinführungszeiten zu spät auf den Markt gebracht, dann verschlechtert sich das wirtschaftliche Ergebnis, kumuliert über einen Lebenszyklus von fünf Jahren, um durchschnittlich 30 Prozent.

Dieses Beispiel zeigt deutlich, wie wirtschaftlich bedeutsam rechtzeitige und gründliche Informationsgewinnung sein kann. Man könnte nun denken, dass dies in erster Linie für dynamische Märkte gilt, die z.B. mit immer kürzer werdenden Innovationszyklen zu tun haben. Dem ist aber nicht so. Der wirtschaftliche Vorteil der Informationsgewinnung gilt allgemein, nur in dynamischen Märkten führen Nachlässigkeiten bei der Informationsgewinnung sehr viel schneller zu negativen Ergebnissen sowie zu zum Teil ruinösen Marktverlusten.

Auf der anderen Seite gibt es eine Vielzahl von Wettbewerbsvorteilen, die mit konsequenter Informationsversorgung erreicht werden können. Dies sind beispielsweise:

- Das Wissen über die Vorteile der Wettbewerber gegenüber den eigenen Leistungen aus Kundensicht erhöht die Chancen, nutzenorientiert aufzuholen.
- Das Wissen über die eigenen Vorteile gegenüber den direkten Wettbewerbern aus Kundensicht ermöglicht den Ausbau eines oder mehrerer Alleinstellungsmerkmale.

- Die Möglichkeit auf Kundenwünsche zu reagieren unterstützt eine sichtbar zunehmende Kundenorientierung.
- Die Chance Produktverbesserungen im Sinne des Kunden durchzuführen kann die Anwenderfreundlichkeit erhöhen und damit das Produkt interessanter machen (80 Prozent der Produktverbesserungen kommen in Europa durch Kundenanstöße wie z.b. Reklamationen zustande).
- Die Möglichkeit bei bestimmten Services einen Zeitvorsprung vor der Konkurrenz zu haben erhöht die Wettbewerbsfähigkeit.
- Die Chance Entscheidungsprozesse im Unternehmen aufgrund verbesserter Informationslage abzukürzen führt unweigerlich zu Kosteneinsparungen.

Dies ist nur eine beispielhafte Auswahl an Vorteilen, die man mit systematischer Informationsgewinnung erreichen kann. Grundsätzlich sind für unternehmerische Entscheidungen Informationen unabdingbar. Das berühmte Bauchgefühl kann sehr schnell einem Lotteriespiel gleichen, dessen negative Folgen allerdings nicht nur ein verlorener Gewinn, sondern auch ein dauerhafter Verlust sein kann.

2.4 Aufgaben der Marktforschung

Die Hauptaufgabe der Marktforschung besteht darin, das Management bei Entscheidungen, die den Marketingmix (Produkt-, Preis-, Distributions-, Kommunikations- und Personalpolitik) betreffen, zu unterstützen. Die Unterstützung besteht darin, Informationen zu liefern, die die Bildung von Marketingzielen erleichtern und strategisches Handeln auf den jeweiligen Märkten verbessern. Marktforschung verstärkt sozusagen die strategische Intelligenz in einem Unternehmen, das marktorientiert handeln möchte.
Stellen Sie sich vor, Sie wollen zusammen mit Ihrem Partner eine USA-Reise machen. Nehmen wir an, Sie hätten das Ziel, möglichst viele Eindrücke Nordamerikas und seiner Bewohner zu sammeln, und haben dafür drei Wochen Zeit eingeplant. Wenn Sie jetzt ohne große Vorbereitung und mit wenig Informationen in die USA fliegen, sich dann in einen Mietwagen setzen und losfahren, ist die Wahrscheinlichkeit groß, dass Sie ein sehr individuelles Bild des Landes kennen lernen. Es kann natürlich sein, dass Ihre Erwartungen erfüllt werden, aber das wäre ein glücklicher Zufall. Dieser Kontinent bietet so viele unterschiedliche Eindrücke und Möglichkeiten, dass eine informative Vorbereitung unbedingt notwendig ist. Je mehr Sie vorab wichtige Informationen gesammelt haben, desto gezielter können Sie Ihre Reise planen und auf Ihre Erwartungen abstimmen. Genauso verhält es sich bei einem Unternehmen, das am individuellen Markt aktiv sein möchte. Je besser die relevanten Marktinformationen, desto wahrscheinlicher wird die gewünschte „Reise" verlaufen und werden die Ziele erreicht.

Aufgaben der Marktforschung 27

Konsequente Marktforschung hat zudem auch die Funktion eines Frühwarnsystems. Werden Informationen systematisch und regelmäßig eingeholt, dann hat man das berühmte „Ohr" am Markt. Das heißt, man erkennt Tendenzen und Entwicklungen eher, um dementsprechend reagieren zu können. Bei negativen Marktentwicklungen kann man Präventivmaßnahmen entwickeln und einleiten, im positiven Fall hat man die Chance, gezielter und rechtzeitig auf einer „Erfolgswelle mitzuschwimmen".

❌ Praxisbeispiel:

Im Herbst 2003 trat in der Europäischen Union die so genannte Gruppenfreistellungsverordnung (GVO) für die Automobilbranche in Kraft. Diese GVO führt zu teilweise sehr einschneidenden Veränderungen im Automobilhandel für Händler und Hersteller. Für beide Gruppen bringt sie Vor- und Nachteile. Die GVO wird in der Branche seit Jahren diskutiert, trotzdem warten viele Händler bis zur letzten Minute, in diesem Fall bis zur neuen Vertragsgestaltung, um dann mal zu schauen, wie man evtl. reagieren könnte. Wer Europäische Rechtsprechung in den letzten Jahren ein wenig verfolgt hat, der weiß, dass eine Europäisierung der Märkte mit einer Liberalisierung einhergeht. Das bedeutet automatisch, dass der direkte Einfluss der Hersteller zurückgehen wird. Zudem sind Details der geplanten GVO bereits seit über einem Jahr vor Einführung bekannt. Nun kann man als Händler diesen Informationsvorsprung nutzen oder man wartet, bis alle reagieren müssen. In letzterem Fall ist dann aber schon wertvolle Zeit verstrichen, denkt man nur an einen evtl. nötigen Personalumbau, an die Qualifikation neuer Mitarbeiter usw. Im ersten Fall hätte man Wettbewerbsvorteile entwickeln können. Die Mehrheit hat dies versäumt. Die umfangreichen Informationen flossen mehrheitlich nicht in strategische Überlegungen, Planungen und Entscheidungen ein, sondern waren nur Anlass, um die allgemeine Unzufriedenheit kundzutun.

Literaturtipp: Mehr detaillierte Informationen zum Thema Marketingmix und wie man eine Marke oder ein Unternehmen profiliert und am Markt positioniert, finden Sie im „Schnellkurs Marketing", der ebenfalls im Lexika Verlag erschienen ist.

2 Welchen Nutzen bringt Marktforschung?

✏ Übung:

Seien Sie mal bitte ein wenig selbstkritisch und notieren Sie spontan Ihnen bekannte Informationen aus Ihrer Branche oder über die allgemeine Wirtschaftsentwicklung, die Einfluss auf Ihr Unternehmen haben. Welche Informationen nutzen Sie davon tatsächlich für unternehmerische Entscheidungen?

_____
_____
_____
_____
_____
_____
_____

3 Welche Art von Daten ist sinnvoll?

Will man den Entscheidungsbedarf festlegen, dann gibt es eine ganze Reihe möglicher marktbezogener Fragestellungen, deren Beantwortung für die Entwicklung und die Umsetzung einer Marketingstrategie von Bedeutung ist. Schon aus Kostengründen ist nicht die Quantität von Informationen entscheidend, sondern die Relevanz und die Qualität. Die Auswahl der Informationsarten hängt davon ab, welche Marktkennzahlen für das eigene marktstrategische Verhalten sinnvoll sind. Dies hängt wiederum von der Zielorientierung ab, also was man erreichen und damit auch messen will.

3.1 Die Zielorientierung kommt zuerst

Bevor Sie sich überlegen, wie Sie Marktforschung betreiben könnten, ist es ratsam, zunächst einmal eine klare Vorstellung zu formulieren, was Sie mit den Informationen erreichen möchten. Unternehmerischen Handlungsbedarf gibt es in vielen Bereichen, aus denen sich wiederum Ziele ableiten lassen. Im nächsten Abschnitt werden die Bereiche „Markt", „Kunde", „Unternehmen", „Wettbewerb" und „Umwelt" vorgestellt. Damit soll Ihnen die Bestimmung Ihrer individuellen Marktforschungsziele erleichtert werden.

3.1.1 Markt – Marktgrößen und Marktkennzahlen

Zur Markteinschätzung wird vom Management eine Reihe von Kennzahlen verwendet. Geplante Steigerungen dieser Größen sind oft Zielsetzungen des Marketings. Marktforschung kann hier die Aufgabe haben, die Zahlenbasis zur Ermittlung dieser Kennzahlen zu liefern. Nach *Kamenz* sind diese Größen zu nennen:

Theoretische Marktkapazität
Sie beschreibt die theoretische Möglichkeit, dass alle Marktteilnehmer ihren Bedarf befriedigen würden, also die theoretisch vorstellbare Aufnahmemöglichkeit durch den Markt.
Beispiel: Ein Bäcker in einem 3000-Seelen-Ort hätte eine theoretische Marktkapazität von 21.000 Brötchen pro Woche, wenn jeder Einwohner im Schnitt 1 Brötchen pro Tag kaufen würde.

Marktpotenzial

Hiermit ist die maximale Aufnahmefähigkeit des Marktes gemeint. Man berechnet das Marktpotenzial, indem man die Bedürfnisträger mit dem Durchschnittsbedarf pro Zeiteinheit multipliziert.
Beispiel: Das Marktpotenzial unseres oben genannten Bäckers wäre z.B. 10.000 Brötchen pro Woche, wenn jeder Haushalt (angenommen es gäbe 1.000 Haushalte in dem Ort) 10 Brötchen pro Woche konsumiert.

Marktvolumen

Dies ist das aktuelle Nachfragevolumen eines Marktes, das durch alle Anbieter am Markt pro Zeiteinheit realisiert wird.
Beispiel: Unser Bäcker hat im Ort Konkurrenz durch zwei weitere Bäckereigeschäfte vor Ort und einem Supermarkt in der Nähe. Nimmt man an, dass der Bäcker 1.000 Brötchen, die beiden ortsansässigen Anbieter zusammen 1.500 (jeweils 800 und 700) und der Supermarkt an Ortsbewohner insgesamt 1.200 Brötchen pro Woche verkauft, dann ist das Marktvolumen 3.700 Brötchen pro Woche.

Marktausschöpfung

Die Marktausschöpfung ist der Quotient aus dem Marktvolumen und dem Marktpotenzial des Marktes. Sie beschreibt das Wachstumspotenzial des Marktes und damit den Sättigungsgrad.
Beispiel: Bei den oben angenommenen Marktverhältnissen läge der Sättigungsgrad bei 0,37 (3.700 Brötchen : 10.000 Brötchen). Das bedeutet im Umkehrschluss, dass 63 Prozent des Marktpotenzials nicht genutzt werden.

Marktanteil

Hiermit ist der prozentuale Anteil eines Anbieters am Marktvolumen gemeint.
Beispiel: Unser Bäcker hätte einen Marktanteil von knapp 27 Prozent (1.000 Brötchen × 100 : 3.700 Brötchen) pro Woche.

Relativer Marktanteil

Damit ist der Quotient des Absatzes eines Anbieters mit dem Marktanteil des stärksten Konkurrenten gemeint.
Beispiel: Der stärkste Konkurrent unseres Bäckers ist der Supermarkt mit 1.200 Brötchen. Der Bäcker hat demnach einen relativen Marktanteil von ca. 24 Prozent (1.000 Brötchen : 41 Prozent Marktanteil des Supermarkts).

Absatzpotenzial

Das Absatzpotenzial beschreibt die theoretische Aufnahmefähigkeit des Marktes bezüglich des Absatzes eines Anbieters, quasi der Anteil am Marktpotenzial, den der Anbieter für realisierbar hält.

Beispiel: Der Bäcker hält z.B. ein Absatzpotenzial von 2.000 Brötchen für realisierbar, wenn er nur neue Brötchenmischungen auf den Markt bringt und diese besser bewirbt.

Absatzvolumen
Das Absatzvolumen ist der reale, aktuelle oder auch prognostizierte Absatz eines Anbieters.
Beispiel: Das Absatzvolumen unseres Bäckers liegt aktuell bei 1.000 Brötchen.

Marktdurchdringung
Hiermit ist die Relation zwischen Absatzvolumen und Absatzpotenzial gemeint. Sie gibt Auskunft über die möglichen Steigerungspotenziale am Markt.
Beispiel: Unser Bäcker hätte eine Marktdurchdringung von 50 Prozent (1.000 Brötchen × 100 : 2.000 Brötchen).

3.1.2 Kunde – von Haupt- und Nebenzielgruppen

Es sind immer Menschen, die Geschäfte mit Menschen machen. So gesehen gilt auch dem Kunden das größte Interesse in der Marktforschung. Der Kunde entscheidet letztendlich, ob er sich für etwas interessiert oder sogar die Kaufhandlung tätigt. Somit ist es äußerst interessant und für eine funktionierende Marketingstrategie fast unabdingbar, eine genaue Betrachtung des Kunden durchzuführen.
Zunächst stellt sich die Frage, wer denn der Kunde eigentlich ist. Stellt man diese Frage in Analysegesprächen an unvorbereitete Unternehmer, dann bekommt man häufig Antworten wie: „Ja, alle Personen, die unsere Produkte kaufen." Oder „Bei uns ist die 20-jährige Studentin genauso willkommen wie der 70-jährige Rentner." Nun, einer genauen Definition der Haupt- und Nebenzielgruppen entspricht das nicht unbedingt. Die ist aber notwendig, um eine Marketingstrategie zu entwickeln, die ein Unternehmen profilieren und Gewinn bringend positionieren soll. Marktforschung hat hier die Aufgabe herauszufinden, welche Personen z.B. vom vorhandenen Angebot oder den Werbemaßnahmen angesprochen werden. Dies geschieht z.B. über die Analyse bereits vorhandener interner Kundendaten. Die genaue Definition der Hauptzielgruppe hat bedeutenden Einfluss auf die Positionierung am Markt. Man kann nicht alle Arten von möglichen Kunden gleichmäßig effektiv ansprechen. Wer dies versucht, wird feststellen, dass so ein „Generalanspruch" eher oberflächlicher Natur ist und sich wenig von ebenso allgemeinen Aussagen anderer Anbieter unterscheidet. Ein echtes Profil des Produktes, der Leistung oder eines ganzen Unternehmens lässt sich nur schwer herausarbeiten. Neben der profitablen Hauptzielgruppe können durchaus ergänzende Nebenzielgruppen definiert und etabliert werden, die aber im Einklang mit der Gesamtaussage des Unternehmens stehen sollten.

Grundsätzlich kann man zwei Arten von Kundendaten unterscheiden: quantitative und qualitative Informationen.

Quantitative Daten
Quantitative Daten sind z.b. Informationen, die man bei einer Zielgruppenbestimmung nach soziodemographischen Kriterien erhält. „Soziodemographisch" könnte man mit einer Beschreibung des sozialen Status einer Person gleichsetzen. So werden persönliche Daten analysiert wie Alter, Geschlecht, Schulbildung, Beruf, Haushaltsnettoeinkommen etc. So ist es beispielsweise interessant, in einem Unternehmen zu eruieren, wie der typische Kunde soziodemographisch charakterisiert ist:

- Ist der typische Kunde eher weiblich oder männlich?
- Wie alt ist sie oder er?
- Welcher Berufsgruppe ist sie oder er zugehörig?

Hat man dies einmal definiert, schließt sich die nächste Frage an. Entspricht der definierte typische Kunde dem Wunschkunden, oder gibt es da eine Diskrepanz? Weitere interessante Fragen wären z.b., ob in dem aktuellen Markt der Wunschkunde in ausreichender Zahl vorhanden ist oder ob man andere Zielmärkte anvisieren sollte. Also allein schon mit den rein quantitativen Kundendaten kann man in puncto Strategie ein großes Stück weiterkommen.

Qualitative Daten
Die zunehmende Individualisierung der Gesellschaft in den letzen beiden Jahrzehnten hat in der Marktforschung dazu geführt, dass das Thema „qualitative Kundendaten" immer bedeutender wird. Quantitative Kundendaten sind sehr viel leichter verlässlich zu bekommen als qualitative Kundendaten. In den qualitativen Daten steckt allerdings ein enormes Potenzial an Möglichkeiten, um die jeweilige Marktstrategie optimal auf den gewünschten Kunden auszurichten. Unter qualitativen Daten versteht man Informationen, die z.b. Auskunft geben über die wahren Kaufwünsche, die Kundenbedürfnisse oder die echten Motive eines Konsumenten. Man kann sich leicht ausmalen, welchen strategischen Nutzen solche Informationen in sich tragen, denn wenn man relativ sicher weiß, was ein Kunde erwartet und was er wirklich will, dann lässt sich eine Produkt- und Servicepolitik einfach ausrichten.
Qualitative Daten können auch beinhalten, welches Konsumverhalten ein Mensch hat. Es kann beispielsweise analysiert werden, ob jemand eher mit den Augen kauft oder mit dem Kopf, ob jemand eher konsumfreudig oder konsumfaul ist, ob jemand gern oder nicht gern verhandelt usw. Qualitative Fragestellungen haben in erster Linie psychologische Hintergründe, weshalb auch die Instrumente der Informationsgewinnung in erster Linie psychologischer Natur sind. So können Menschenty-

pen definiert und klassifiziert werden, was z.B. die Ausrichtung der kommunikativen Maßnahmen erleichtert. Als Faustregel kann man sagen: Je genauer Sie Ihre Zielgruppen kennen, desto klarer gestaltet sich Ihre Kundenorientierung und desto leichter Ihre Marketingausrichtung.

> **Übung:**
>
> Jetzt sind Sie an der Reihe. Versuchen Sie zu beschreiben, wie Ihr typischer Kunde aussieht. Versuchen Sie quantitative sowie qualitative Faktoren zu notieren. Entspricht der typische Kunde Ihrem Wunschkunden?
>
> _____
> _____
> _____
> _____
> _____
> _____
> _____
> _____

3.1.3 Unternehmen

In der Regel gibt es auch unternehmensinterne Rahmenbedingungen für Marktforschung. So ist z.B. das Budget des Unternehmens, das für Marktforschung eingesetzt werden soll, sehr stark von der allgemeinen betriebsinternen Finanzsituation bestimmt. Unternehmen, die in einer wirtschaftlichen Krise stecken, sparen gern an den Ausgaben für Marktforschung – auch wenn diese gerade einen Weg aus der Krise ermöglicht. Kann doch eine systematische Informationssuche und -aufbereitung zum Beispiel eine sinnvolle Ausdünnung des Produktangebots oder eine Verschlankung des Unternehmens einleiten. Leider wird bei Sanierungsprojekten gern die „Rasenmähermethode" bei der Reduzierung von Ausgaben angewandt, d.h., alle Unternehmensbereiche werden mit einer allgemeinen Sparquote belegt, egal, ob es strategisch Sinn macht oder nicht. Kostenstellen wie Werbeausgaben, Fort- und Weiterbildung und eben auch Marktforschung stehen mit Personalabbau in der Regel ganz oben auf den „Streichlisten". Der Effekt ist in vielen Fällen zwar eine kurzfristige Erfolgsmeldung im Bereich der Kosteneinsparung, aber schon kurz- bis mittelfristig kann dies zu massiven Marktnachteilen führen, die dann mit einem Vielfachen des vorherigen finanziellen Aufwandes wettgemacht werden müssen.

Wie im Bereich der Kunden unterscheidet man auch bei Unternehmen quantitative von qualitativen Daten. Normalerweise sind die quantitativen Informationen in ausreichender Zahl irgendwo im Unternehmen zu finden. Dagegen müssen die qualitativen Daten in der Regel erst erhoben werden.

Quantitative Daten
Zu den quantitativen Daten zählen unter anderem alle Angaben zur Finanzsituation des Unternehmens. Von Interesse sind hier verschiedene betriebswirtschaftliche Kennzahlen wie z.B. Deckungsbeiträge, Rentabilitätswerte usw. Darüber hinaus kann es durchaus von Belang sein, wie alt die Produkte oder Produktionsanlagen sind, in welchem Umfang Ressourcen (Mensch, Material) genutzt werden, ob es Möglichkeiten für Investitionen gibt u.Ä.

Qualitative Daten
Eine wichtige qualitative Größe ist das Imageprofil eines Unternehmens. Das Firmen-, Produkt- oder Markenimage spielt auf dem zugehörigen Markt eine sehr bedeutsame Rolle. Imageanalysen als Instrumente der Marktforschung decken z.B. Stärken und Schwächen aus Sicht der Kunden auf. Diese Informationen ermöglichen oftmals erst kundenorientierte Maßnahmen, an die man vielleicht nie gedacht hätte.
Zu den qualitativen Daten zählt man weiterhin den Bekanntheitsgrad. Der Bekanntheitsgrad eines Unternehmens, einer Marke oder eines Produkts zählt zu den qualitativen Daten, weil er nicht in Geldwerten gemessen werden kann. Obwohl der Bekanntheitsgrad einen enormen Einfluss auf den Einsatz von Werbemitteln hat, ist er speziell in mittleren und kleinen Unternehmen kaum bekannt, sondern wird einfach geschätzt. Wie sehr man sich dabei täuschen kann, soll folgendes Beispiel aus der Beratungspraxis zeigen.

> **✗ Praxisbeispiel:**
>
> Während der Analysephase eines Beratungsprojekts in einem mittelgroßen Autohaus stellte ich unter anderem die Frage, ob der Bekanntheitsgrad in dem dazugehörigen Marktgebiet bekannt ist. Der Inhaber und Geschäftsführer des Hauses war sich völlig sicher, dass sein Haus über einen Bekanntheitsgrad von mindestens 90 Prozent verfüge, da die Firma zu diesem Zeitpunkt in ländlicher Umgebung etabliert und er zudem kommunalpolitisch tätig war. Das Einzugsgebiet umfasste ca. 120.000 Personen in einem Umkreis von ca. 30 km. Wir führten eine repräsentative Imageanalyse des regionalen Marktes durch und siehe da, der gestützte Bekanntheitsgrad (d.h., es wurde der Name des Unternehmens genannt und dann nach Bekanntheit gefragt) lag bei 53 Prozent. Dies war eine große Über-

raschung für den Firmenchef, denn als ich ihm vorrechnete, dass über 56.000 Menschen seines Marktgebiets das Unternehmen nicht mal kennen, wurde klar, welches Potenzial nicht genutzt wird. Eine direkte Konsequenz aus dieser Erkenntnis war die Umstellung der Firmenkommunikation auf massenwirksame Werbemittel, um den Bekanntheitsgrad zu steigern.

3.1.4 Wettbewerb

Dieser Analysebereich beschäftigt sich mit der Wettbewerbssituation. In Bezug auf Wettbewerber ist es von besonderer Bedeutung zu wissen, wer denn die eigentlichen Kernwettbewerber sind, welche Stärken und Schwächen sie haben und vor allem welche Wettbewerbsvorteile das eigene Unternehmen hat. Auch hier unterscheidet man nach quantitativen und qualitativen Daten:

Quantitative Daten
Zu den quantitativen Daten zählt in diesem Bereich z.B. die Zahl aller Wettbewerber, die auf den eigenen Markt einwirken. Von allen Wettbewerbern zieht man die wahren Hauptkonkurrenten heraus. Dies ermöglicht beispielsweise die genaue Betrachtung des Produktsortiments in Verbindung mit der Preispolitik.

☒ Praxisbeispiel:

Ein exklusiver Herrenausstatter in einer Kleinstadt, der sich auf edle Krawatten und andere Accessoires spezialisiert hat, kann durchaus vor Ort konkurrenzlos sein, obwohl in unmittelbarer Nachbarschaft mehrere Modehäuser und Boutiquen vorhanden sind. Der Grund wäre dafür z.B. das höherwertige Produktsortiment und zudem ein anderes Preisniveau, das ihn von den vermeintlichen Wettbewerbern unterscheidet.

Weitere quantitative Wettbewerberdaten wären z.B. die Größe und Ausstattung der Verkaufsflächen und Räumlichkeiten oder die Sortimentsbreite und -tiefe, Anzahl von Kundenberatern, Häufigkeit und Frequenz der werblichen Auftritte am Markt usw.

Qualitative Daten
Die qualitativen Daten betreffen in erster Linie wieder die weichen Faktoren, die im psychologischen Bereich zu finden sind. Hier kann man z.B. eruieren, welche

Qualität die Kundenbetreuung hat, wie die Freundlichkeit des Verkaufspersonals von Kunden bewertet wird oder wie Reklamationen behandelt werden. Zu den qualitativen Informationen wird auch hier der Bekanntheitsgrad, in diesem Fall der Wettbewerber, gezählt. Es gibt darüber hinaus auch die Möglichkeit, z.b. durch abgeworbene Mitarbeiter etwas über die Unternehmenskultur und das Betriebsklima von Wettbewerbern zu erfahren. All diese Informationen können einen wertvollen Beitrag zur Unternehmensstrategie leisten.

3.1.5 Umwelt

Der fünfte Bereich beschäftigt sich mit Daten, die aus der Umwelt des Unternehmens gewonnen werden können. Im Zuge der zunehmenden Globalisierungsbemühungen und der paneuropäischen Entwicklung dehnen sich manche Märkte aus, der Einfluss von weiteren Marktteilnehmern nimmt zu, und die Einwirkung europäischer Gesetzgebung ist für so manche Branche urplötzlich ein großes Thema. Die Informationsmöglichkeiten, die die Umwelt des Unternehmens betreffen, sind schier unendlich. Sie lassen sich in fünf Umweltfaktoren aufteilen: rechtliche, ökologische, soziale, technische und ökonomische Umweltfaktoren.

Rechtliche Umweltfaktoren
Hier stellt sich die Frage, welche Gesetzesänderungen Einfluss auf das jeweilige Marktgeschehen haben. So hat beispielsweise die Einführung der Ökosteuer oder der bundesweiten Mautgebühr bei Spediteuren veränderte wirtschaftliche Ausgangssituationen zur Folge. Darüber hinaus ist es interessant zu wissen, welche Veränderungen sich z.B. auf der Ebene der Europäischen Union ergeben (siehe Beispiel der GVO in der Autobranche).

Ökologische Umweltfaktoren
Je nach Branche ist der Einfluss der ökologischen Umweltfaktoren unterschiedlich. Dies kann zum einen die Frage der Ressourcen betreffen und zum anderen den Bereich der Entsorgung. Gibt es die bisher im Unternehmen verarbeiteten Rohstoffe auch noch in fünf und zehn Jahren, oder muss man frühzeitig umstellen? Sind die Abfallstoffe der Produktion auch in naher Zukunft kostenbezogen so zu entsorgen wie zum aktuellen Zeitpunkt oder ergeben sich hier neue Auflagen oder Veränderungen? Die ökologischen Umweltfaktoren haben an Bedeutung für Unternehmensentscheidungen im Laufe der letzten Jahre zugenommen. Steigende Energiekosten und zunehmende Ressourcenknappheit werden diese Entwicklung aller Voraussicht nach auch weiterhin vorantreiben.

Soziale Umweltfaktoren

Soziale Umweltfaktoren gewinnen an Bedeutung, wenn z.b. ein Wertewandel in der Gesellschaft vollzogen wird. Diese Faktoren sind eng verbunden mit den qualitativen Daten bei den individuellen Zielgruppen. Des Weiteren spielen hier demographische Faktoren wie z.b. die Entwicklung der Alterspyramide in Deutschland eine Rolle. So kann man beispielsweise Trends oder zukünftige Bedürfnisse prognostizieren und dahingehend Produkte und Services entwickeln.

Technische Umweltfaktoren

Zur Marktforschung gehört auch, Veränderungen im technischen Umfeld zu analysieren und gegebenenfalls zu nutzen. Man bedenke nur die massiven Veränderungen im Bereich der Bürokommunikation in den letzten zehn Jahren, die das Berufsfeld der Sekretärinnen stark beeinflusst haben. Echte stabile Veränderungen von kurzlebigen Trends zu unterscheiden dürfte in diesem Bereich im Sinne der Informationsgewinnung eine besondere Herausforderung sein.

Ökonomische Umweltfaktoren

Wenn die Geschäfte schlecht gehen, dann wird sehr schnell die schlechte nationale oder sogar globale Wirtschaftslage dafür verantwortlich gemacht. Wenn es jedoch darum geht, vorab systematisch Informationen über makroökonomische Veränderungen einzuholen, dann lichtet sich das Feld. Der schreckliche Terroranschlag in New York am 11. September 2001 wurde z.B. für zahlreiche ökonomische Entwicklungen in der Zeit danach verantwortlich gemacht. Bei transatlantischen Geschäftsvorgängen hatte dies sicherlich erheblichen Einfluss, doch wurde dieses Ereignis auch genutzt, um negative Veränderungen an lokalen Märkten zu erklären. Damit wurde eher versucht von eigenen Versäumnissen im unternehmerischen Handeln abzulenken.

Die ökonomischen Veränderungen in der nationalen, aber auch anderen Volkswirtschaften zu beobachten kann von großer Bedeutung sein, speziell bei grenzüberschreitenden Wirtschaftsverbindungen. Man denke nur an die zügig voranschreitende Osterweiterung der EU. Hier gibt es eine Menge Chancen, aber auch Risiken, die man durch systematische und konsequente Marktforschung optimieren kann. Grundsätzlich sind die ökonomischen Umweltfaktoren mit ihren vielen Ausprägungen mit die wichtigsten Rahmenfaktoren, die es bei unternehmerischen Entscheidungen zu beachten gilt. Leider werden diese Faktoren von vielen Unternehmern – vorwiegend bei klein- und mittelständischen – nicht systematisch gesammelt, ausgewählt und aufbereitet, sondern eher beiläufig bei der täglichen Zeitungslektüre registriert.

3 Welche Art von Daten ist sinnvoll?

> **Übung:**
>
> Jetzt sind Sie wieder an der Reihe. Versuchen Sie für jeden gezeigten Bereich mindestens einen Umweltfaktor aufzulisten, der Ihr unternehmerisches Handeln beeinflusst und über den Sie gern mehr Informationen hätten.
>
> _____
> _____
> _____
> _____
> _____
> _____

3.2 Das Verhältnis von Aufwand und Nutzen

Die Beschreibung der fünf Bereiche hat gezeigt, dass es zahlreiche Ansatzpunkte gibt, wertvolle Informationen für das eigene Unternehmen via Marktforschung zu sammeln. Jetzt wird vielleicht der eine oder andere Leser denken, dass es neben einer systematischen Informationssammlung auch noch andere Arbeiten gibt, die geleistet werden sollten. Das Ganze ist wie so oft eine Frage des Nutzens im Verhältnis zum Aufwand. Dieses Kapitel steht unter der Hauptüberschrift: „Welche Daten sind sinnvoll?", und genau das ist die Handlungsmaxime, die Sie befolgen sollten.

1. Zunächst benennen Sie die Bereiche, in denen wichtige Entscheidungen anstehen.
2. Führen Sie dann eine Art Brainstorming durch und sammeln Sie alle möglichen Arten von Informationen, die Sie pro Bereich interessieren würden, um Entscheidungen besser treffen zu können.
3. Nun sollten Sie pro Bereich eine Gewichtung vornehmen. Bringen Sie Ihre gewünschten Daten pro Bereich in eine Rangskala, d.h., die absolut wichtigste Information kommt an die erste Stelle, die zweitwichtigste an die zweite Stelle usw.
4. Versehen Sie dann jede Information mit einem Zeitwert, der darüber Auskunft gibt, wie häufig diese Information eingeholt werden müsste, um die Entscheidungsprozesse in dem jeweiligen Bereich optimal zu unterstützen (täglich, wöchentlich, monatlich, pro Quartal, jährlich, mehrjährig).
5. Nun können Sie den zeitlichen Aufwand pro Informationseinholung schätzen. Als Orientierung können Sie die Zeitschätzformel: (optimaler Fall + (4 × wahrscheinlichster Fall) + ungünstigster Fall) / 6 verwenden. So können Sie hochrechnen, wie viel Zeit pro Jahr für die jeweilige Informationsgewinnung anfallen würde.

6. Wenn Sie nun den jeweiligen zeitlichen Aufwand in Arbeitskosten umrechnen und durch zusätzliche Kosten für die Informationsgewinnung ergänzen, dann haben Sie eine Übersicht, welche Information wie viel kosten. Falls Ihnen die Zuordnung von zusätzlichen Kosten an dieser Stelle Probleme bereitet, dann warten Sie noch bis ans Ende dieses Buches, dann können Sie das wahrscheinlich besser einschätzen.

Wenn Sie die sechs Schritte so durchgeführt haben, dann liegt jetzt vor Ihnen eine Übersicht, die Ihnen Prioritäten und Aufwände zeigt. Diese Entscheidungsgrundlage unterstützt Sie dabei, die für Sie wichtigen und passenden Marktforschungsmöglichkeiten auszuwählen. Als Leitsatz gilt: Systematik und Konsequenz bei der Informationseinholung geht vor Masse.

3.3 Wie werden die Daten verwendet?

Diese Frage scheint nach der gerade eben beschriebenen Vorgehensweise ein wenig überflüssig. Aber dies scheint nur so, denn diese Frage sollte auf alle Fälle für alle noch zu eruierenden Daten geklärt werden, bevor man an die Informationsgewinnung geht. In der Praxis erlebe ich immer wieder, dass die Unternehmen, die schon mal Marktdaten sammeln, zum Teil auch teuer einkaufen, diese dann aber oft unabsichtlich in irgendwelchen „Datenfriedhöfen", sei es die persönliche Festplatte oder der Aktenschrank, ablegen und passiv liegen lassen (man könnte auch sagen „vergammeln" lassen). Damit nutzt man aber nicht die unterschiedlichen Marktinformationen. Denn erst die systematische Mehrfachnutzung durch verschiedene Personen oder Abteilungen machen so manche teure Information günstig. Dazu müssen die Daten jedoch systematisch und einfach zugänglich aufbereitet und zur Verfügung gestellt werden. Dies kann über ein netzgestütztes Expertensystem, aber genauso über ein schwarzes Brett realisiert werden. Entscheidend ist vor allem, dass die betreffenden Personen lernen, mit Informationen aktiv und systematisch umzugehen. Der Umgang mit Informationen sollte von einer Holschuld und nicht von einer Bringschuld geprägt sein. Das bedeutet, dass jeder selbst für seinen persönlichen Informationsstand verantwortlich ist und nicht in passiver Wartestellung verharren sollte, bis die Informationen zur Verfügung gestellt werden.
Ist die Verwendung der Daten geklärt, so hat man ein weiteres Kriterium, um zu bewerten, ob sich der Aufwand lohnt, neue Informationen einzuholen.

4 Wie führen Sie Marktforschung durch? Der Marktforschungsprozess

Sie haben sich entschlossen, Marktforschung zu nutzen? Sehr gut – dann stellt sich jetzt die Frage nach der Vorgehensweise. Auch ein Marktforschungsprozess beinhaltet die drei Phasen Planung, Durchführung und Kontrolle. Speziell die Planungsphase wird häufig nicht genug beachtet, sondern man versucht möglichst schnell zur Durchführung zu gelangen, um so kurzfristig an Marktinformationen zu gelangen. Eine präzise und wohl überlegte Planung ist jedoch die Grundlage für eine ressourcenschonende Vorgehensweise. Hiermit sind nicht nur so wichtige Ressourcen wie Arbeitszeit und Geld gemeint, sondern unter anderem auch die Nerven des Prozessverantwortlichen. Auch wenn das Einholen von Marktdaten einem ständig steigenden Aktualitätsdruck unterliegt und es dadurch in vielen Bereichen immer stärker darauf ankommt, wie schnell man Informationsvorsprünge sofort ins operative Geschäft einbringen kann, ist es trotzdem oder genau deshalb empfehlenswert, eine durchdachte Planung einzubauen. Eventuelle Doppelarbeit oder die Notwendigkeit von Kurskorrekturen und Anpassungen bei der Durchführung der Datenerhebung führen in der Regel zu einer Ausdehnung des Gesamtprozesses. Solche Verlängerungen der Projektlaufzeit kosten nicht nur mehr Geld, sondern können genau dann Marktnachteile nach sich ziehen.

In der Literatur findet man eine ganze Reihe von Phasenmodellen zur Durchführung eines Marktforschungsprozesses. Die Bezeichnungen der Phasen oder Ablaufschritte sind oft unterschiedlich, aber die inhaltliche Vorgehensweise ist im Grunde immer die gleiche. Die im Folgenden vom Verfasser entwickelte Prozessstruktur betont einerseits die differenzierte Vorbereitung mit einer vorab geplanten Datenverwendung und andererseits die unmittelbar folgende operative Umsetzung der Erkenntnisse am Ende des Prozesses.

4 Wie führen Sie Marktforschung durch? Der Marktforschungsprozess

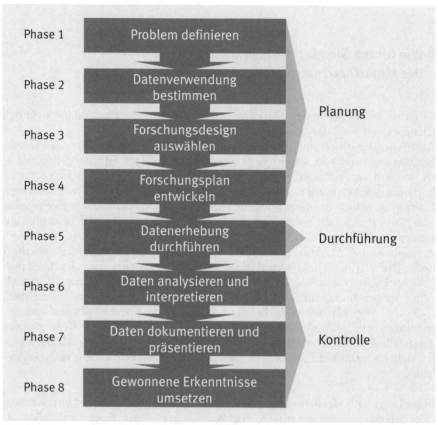

Abb. 4: Phasen eines Marktforschungsprozesses

4.1 Phase 1: Problem definieren

Am Anfang eines Marktforschungsprozesses steht die präzise Identifizierung und Formulierung eines Marketingproblems oder einer Marketingaufgabe. Damit wird eine Forschungsfrage aufgeworfen, die durch Marktforschung beantwortet werden soll. Somit ergibt sich automatisch ein Marktforschungsziel. Ohne solche Ziele wird Marktforschung nur um ihrer selbst willen durchgeführt, und das macht schon aus ökonomischen Gründen wenig Sinn. Die Erkenntnisse der Marktforschung sollen direkt in unternehmerische Entscheidungen und marktorientierte Maßnahmen münden.

Die Definition der Marketingaufgabe kann nur unternehmensintern geschehen. Planen Sie Fremdforschung durchzuführen, also ein externes Marktforschungsunternehmen in den Prozess mit einzubinden, dann müssen Sie als Auftraggeber die Problemdefinition vorgeben.

4.2 Phase 2: Datenverwendung bestimmen

Nachdem das Problem definiert ist, sollte sich die Frage nach der weiteren Verwendung der zu erwartenden Daten stellen. Welche Personen bekommen welche Art und welche Umfänge von Marktinformationen? Was geschieht mit den Daten nach der Auswertung? Diese Fragestellungen sind dann besonders wichtig, wenn das Marktforschungsprojekt eventuell von einer anderen Abteilung (z.B. Marketingservices) oder sogar einem externen Marktforschungsinstitut durchgeführt wird. Mit der Entscheidung über den Verwendungszweck steht und fällt auch die Bewertung der Wirtschaftlichkeit des Projekts. Wenn für das Marktforschungsprojekt im Vorfeld definiert ist, wem die Daten alles nutzen sollen, fällt in der nächsten Phase die Auswahl des Forschungsdesigns leichter.

Versuchen Sie sich grundsätzlich vorab die Frage zu stellen, für welche Entscheidung Sie Daten brauchen, wo genau das Marketingproblem liegt und was Sie mit den Daten erreichen wollen. So vermeiden Sie Fehlinvestitionen oder auch nur das bloße Sammeln von Informationen, die dann zu „Datenfriedhöfen" werden. Jede Information hat ein gewisses Verfallsdatum. Das bedeutet, Sie sollten nur die Informationen sammeln, die einen absolut aktuellen Bezug haben. Zudem sparen Sie sich dadurch auch die Arbeit der ständigen Datenhygiene in Bereichen, die aktuell nicht relevant sind.
Sie kennen bestimmt den Ausspruch: „Nichts ist so alt wie die Zeitung von gestern." Ähnlich verhält es sich bei Marktdaten. Wenn Sie Informationsvorsprünge konsequent nutzen wollen, dann heißt das eindeutig Qualität vor Quantität. Aktualität ist ein starkes qualitatives Merkmal im Informationsmanagement. Also lieber weniger Informationen sammeln, aber dafür zielgerichtet, systematisch und regelmäßig.

4.3 Phase 3: Forschungsdesign gestalten

Grundsätzlich lässt sich das Forschungsdesign in drei Arten der Forschung unterteilen: die explorative, die deskriptive und die kausalanalytische Forschung.

4.3.1 Explorative Forschung

Die explorative Forschung dient zur Sondierung und Spezifierung von Forschungsfragen oder zur exakten Definition von Hypothesen. Liegen im Unternehmen noch keine relevanten Marktforschungsziele vor, müssen erst Problemfelder differenziert herausgearbeitet werden. Dabei wenden Sie explorative Forschungsmethoden an. Denn explorativ forschen heißt, im Vorfeld des eigentlichen Marktforschungsprojekts Informationslücken zu schließen und gezielt adäquate Fragestellungen für die Marktforschung erst zu ermöglichen. Explorative Forschung bedient sich häufig der Expertenbefragung oder dem Studium vorhandener Informationsquellen.

> **✗ Praxisbeispiel:**
>
> Ein Vertriebsleiter hat das Gefühl, dass seine Kunden unzufrieden sind, obwohl es keine konkreten Daten dazu gibt. Eine Reihe von Telefonaten mit ausgesuchten Kunden bestätigt seine Vermutung und ist Auslöser für das Formulieren der konkreten Marktforschungsaufgabe.

4.3.2 Deskriptive Forschung

„Deskriptiv" bedeutet sinngemäß „beschreibend". Diese Art von Forschung wird in der Praxis am meisten angewandt: Märkte werden beschrieben. Das heißt, dass unterschiedlichste Daten eines Marktes erhoben und teilweise in Verbindung gebracht werden. Beispiele für deskriptive Forschung sind:

- das Messen des Bekanntheitsgrads
- Produktbewertungen von verschiedenen Anbietern
- Konkurrenzanalysen
- Imageanalysen
- zielgruppendifferenzierte Nutzenanalysen

Die deskriptive Forschung ist im Gegensatz zur explorativen Forschung genau strukturiert und hat eindeutig ausgerichtete Forschungsziele. Sie versucht Zusammenhänge zwischen marketingrelevanten Sachverhalten herauszufiltern. So werden über diese Art der Forschung Marktdaten systematisch und regelmäßig erfasst, um damit auch in der Lage zu sein, Marktprognosen entwickeln zu können.
Dieser Forschungsbereich kann in Längs- und Querschnittanalysen unterteilt werden. Längsschnittanalysen beschäftigen sich mit der Beschreibung von zeitlichen

Zusammenhängen von Marktfaktoren. So wird z.b. mit einer Wiederholungsstudie der gleiche Sachverhalt immer wieder untersucht, um eventuelle Veränderungen der Faktoren über einen gewissen Zeitraum zu erkennen. Solche Wiederholungsuntersuchungen nennt man auch Tracking-Forschung (frei übersetzt: „auf der Spur bleibende Forschung"). Ein Beispiel ist die regelmäßige Erhebung der TV-Einschaltquoten bei einer Fernsehsendung.

Die Querschnittanalysen ermöglichen die Analyse verschiedener Faktoren zu einem bestimmten Zeitpunkt (so genannte Ad-hoc-Forschung). Querschnittanalysen und Längsschnittanalysen können auch kombiniert angewandt werden. So kann man beispielsweise untersuchen, ob die Vorliebe für teure Automarken in Verbindung mit dem Konsum von speziellen Premium-Kleidungsmarken steht (Querschnittanalyse). Benutzt man das gleiche Forschungsdesign mehrere Jahre hintereinander, um eine Veränderung in diesem Konsumverhalten zu erkennen, dann spricht man von einer Längsschnittanalyse.

Deskriptive Forschungsergebnisse ermöglichen grobe Annahmen über gesetzmäßige Zusammenhänge zwischen Marketingmaßnahmen und Markttatbeständen, lassen aber keine haltbaren direkten Ursache-Wirkung-Aussagen zu. Das heißt, deskriptive Forschung kann Marktfaktoren beschreiben, Zusammenhänge vermuten lassen, jedoch nicht beweisen.

> **✗ Praxisbeispiel:**
> Der Marktanteil einer Zigarettenmarke geht innerhalb kürzester Zeit zurück. Dies kann auf einen Wechsel in den Werbeaussagen zurückzuführen sein – muss aber nicht. Auch eine neue Besteuerung von Zigaretten oder eine Geschmacksveränderung oder eine Kampagne gegen Lungenkrebs kann der Grund sein.

4.3.3 Kausalanalytische Forschung

Kausalanalytisch vorgehen bedeutet, die genaue Ursache für einen Sachverhalt herauszufinden. Dies macht man in der Regel mithilfe von Experimenten. Nun ist es allerdings im Marketingbereich unendlich schwer, wenn nicht sogar unmöglich, ein Ergebnis des Marktes genau einer Ursache zuzuordnen. So könnte man, um bei dem Zigarettenbeispiel zu bleiben, nun die Werbeaussagen über einen gewissen Zeitraum verändern, um zu sehen, ob sich diese Maßnahme auswirkt. Gesetzt den Fall, die Änderung der Werbeaussage wirkt sich positiv aus, dann könnten immer noch andere Marktfaktoren auf die Entstehung dieses Ergebnisses starken Einfluss ausgeübt haben. Negative Aktionen der Wettbewerber z.B. könnten mitverantwortlich für das positive Ergebnis sein. Das bedeutet, dass es im Marketing nahezu unmöglich ist, alle relevanten Störfaktoren auszuschließen, um eine Gesetzmäßigkeit abzuleiten, die das sichere Steuern eines Marktes erlauben würde.

4.4 Phase 4: Forschungsplan entwickeln

Ist das grundlegende Forschungsdesign einmal festgelegt, dann geht es an die Ausarbeitung des operativen Forschungsplans. Zunächst wird ausgewählt, welche Informationsquellen nutzbar sind. Man unterscheidet hier zwischen internen (z.b. Intranet, Kundendaten) und externen Informationsquellen (z.b. Internet, Branchenindizes).
Des Weiteren wird festgelegt, ob man sekundäre oder primäre Marktforschung betreibt. Die Sekundärforschung beschäftigt sich mit Daten, die schon in irgendeiner Form erhoben wurden und an bestimmten Datenorten vorhanden sind. Die Sekundärforschung wird auch als Desk Research, also als „Schreibtischforschung" bezeichnet, da die Informationssuche in erster Linie vom Schreibtisch aus gemacht werden kann. Da Sekundärforschung i.d.R. kostengünstiger ist, wird gern mit ihr begonnen, um dann die fehlenden Informationen durch Primärforschung zu ergänzen oder eventuelle zweifelhafte Daten zu überprüfen. Primärforschung hat die erstmalige Untersuchung von Fragestellungen und Sachverhalten zum Ziel. Primärforschung oder auch Field Research („Feldforschung") ist normalerweise aufwändiger und kostenintensiver. In der Phase der Ausarbeitung des Forschungsplans wird somit eine wichtige ökonomische Entscheidung getroffen. Man könnte daher als Regel sagen: So viel Sekundärforschung wie möglich und so viel Primärforschung wie nötig.

Innerhalb dieser beiden Bereiche gibt es eine Vielzahl möglicher Methoden und Instrumente, auf die in den Kapiteln 5 und 6 explizit eingegangen wird. Somit wird es dann auch leichter fallen, die genannte Orientierungsregel anzuwenden.

Ein weiterer Bestandteil des Forschungsplans ist eine genaue Zeitübersicht, die die Teilphasen des Marktforschungsprojekts (inkl. seiner Teilprojekte) in eine chronologische Ordnung bringt und damit auch mit einer Zeitschätzung der einzelnen Arbeitspakete einhergeht. Genau definierte Meilensteine ergänzen den Zeitplan. In einem Forschungsplan dürfen auch Verantwortlichkeiten nicht fehlen. Letztendlich sollte jedes Projektmitglied des Marktforschungsprojekts wissen, für welches Ergebnis es verantwortlich zeichnet. Werden externe Akteure in das Marktforschungsprojekt involviert, dann fungiert der Forschungsplan als wichtiger Bestandteil für die Beauftragung hinsichtlich Zielen, Umfang, Kosten und Erwartungen seitens der Auftraggeber.
Da in einem Forschungsplan darüber hinaus festgelegt wird, welche Methoden und

Instrumente eingesetzt werden, ist auch bereits die Entwicklung der notwendigen Formulare (z.B. Fragebogen) in dieser Phase enthalten. Außerdem werden die Auswahlkriterien für die Untersuchung (z.B. Stichprobengröße, Stichprobenart) definiert. Mit dem Forschungsplan ist die Planungsphase eines Marktforschungsprozesses abgeschlossen. Nun geht es an die Durchführung der Untersuchung.

Forschungsplan

Inhaltsverzeichnis

1. Ziele des Projekts 1
2. Projektteam 2
3. Kooperationspartner 3
4. Marketingaufgabe 4
5. Forschungsdesign 5
    a. Forschungsbereich 6
    b. Methoden 7
    c. Instrumente 9
    d. Stichproben 12
6. Zeitplan 15
7. Meilensteine 16
8. Arbeitspakete 17
9. „Spielregeln" 23

Marktforschungsprojekt „Genius"

Abb. 5: Beispiel für ein Inhaltsverzeichnis eines Forschungsplans

4.5 Phase 5: Datenerhebung durchführen

Die Durchführung der Datenerhebung erfolgt dann idealerweise genau so, wie es im Forschungsplan vorgesehen ist. Die Phase der Durchführung kann mehr oder weniger umfangreich in puncto Aufwand und Zeitdauer sein. Je nachdem, ob eine Felduntersuchung mit einer kleinen oder großen Stichprobe (Anzahl der Untersuchungsteilnehmer) vorgesehen ist, wird die Durchführung der Datenerhebung von einem externen spezialisierten Marktforschungsinstitut übernommen. Eine kleinere Untersuchung, wie z.b. eine Kundenbefragung im Geschäft, kann problemlos intern durchgeführt werden. Beabsichtigt man jedoch beispielsweise das Konsumverhalten bezüglich eines bestimmten Produktes im gesamten Bundesgebiet zu erforschen, dann ist es ratsam, spezialisierte Experten einzubinden. Solche Marktforschungsunternehmen verfügen auch über die nötige Anzahl an Interviewern oder Produkttestern, die dann flächendeckend eingesetzt werden.

4.6 Phase 6: Daten analysieren und interpretieren

Nachdem die Daten erhoben wurden, geht es zunächst einmal an die Aufbereitung der Informationen. Die Daten werden geordnet und in eine strukturierte Form gebracht. Daraus entstehen dann so genannte Datensätze, die die Grundlage für gezielte Analysen sind. Üblicherweise geschieht dies inzwischen auf elektronische Art. Das heißt, es wird in der Regel eine Datenbank gefüttert (z.B. Microsoft Access), und die Daten werden codiert. So können z.B. bei Befragungen die beiden Antworten „Ja" und „Nein" mit dem Wert 1 für „Ja" und 2 für „Nein" bezeichnet und eingegeben werden. Diese Vorarbeit erleichtert enorm die darauf folgende analytische Auswertungsarbeit. Es muss ja nicht gleich ein spezielles Profi-Statistikprogramm wie z.B. SPSS oder SAS verwendet werden. Schon die einfache Eingabe der Daten in Matrixform in ein Tabellenkalkulationsprogramm wie Microsoft Excel oder Lotus 1-2-3 unterstützt sehr die Auswertung. Selbstverständlich kann man bei kleineren Stichproben auch Strichlisten für Zählungen anlegen oder auf einzelnen Listen Antworten, die einem Antwortbereich zugeordnet werden, zusammenfassen. In jedem Fall sollte man nach der Erhebungs- oder Durchführungsphase die gesammelten Daten in eine übersichtliche Form bringen, die eine strukturierte Auswertung ermöglicht.

Um die Daten zu analysieren, bedient sich die Marktforschung unterschiedlicher Analyseverfahren. Eine Möglichkeit der Unterscheidung ist die Einteilung der Verfahren in Abhängigkeit von der Anzahl der gleichzeitig untersuchten Faktoren oder Variablen. Gibt es nur eine Variable, die analysiert wird, dann spricht man von univariaten Verfahren. So ist beispielsweise die Untersuchung des Bekanntheitsgrads nur eine Variable und damit univariat. Bivariate Verfahren betrachten die Wirkungsweise von zwei Variablen, so z.B., ob eine Erhöhung des Bekanntheitsgrads gleichzeitig zu einem Anstieg der Nachfrage für ein Produkt führt. Werden mehr als zwei Variablen in Abhängigkeit betrachtet, dann werden die Verfahren als multivariat bezeichnet. Wollen Sie z.B. herausfinden, ob die Steigerung des Bekanntheitsgrads direkt mit dem Anstieg der Nachfrage und der Erhöhung des Produktumsatzes zusammenhängt, dann würden Sie ein multivariates Analyseverfahren wählen. Im Kapitel 7 werden diese und weitere statistische Analyseverfahren detaillierter behandelt.

Sind die Daten analysiert und ausgewertet, geht es an die Interpretation der Ergebnisse. Je nach ursprünglichem Forschungsauftrag und den damit verbundenen Zielen werden nun die Ergebnisse in Erkenntnisse übersetzt, um Entscheidungen treffen zu können. Das heißt, es werden nun die objektiv gewonnenen und ausgewerteten Daten in beschreibender Form erläutert. Die Interpretation muss sehr sorgfältig und vorsichtig durchgeführt werden, da sich leicht Interpretationsfehler einschleichen können. Die Hauptaufgaben der Interpretation sind das Zusammenfassen der Ergebnisse verbunden mit der Herausstellung von Schlüsselerkenntnissen, der Kombination verschiedener Resultate, um eventuelle Gesetzmäßigkeiten aufdecken zu können, und das Abstecken der Grenzen der Untersuchung in Bezug auf Methoden und Gültigkeitsbereiche der Resultate.

4.7 Phase 7: Daten dokumentieren und präsentieren

Dieser Phase kommt besondere Bedeutung zu, denn nun entscheidet sich, ob die gewonnenen Erkenntnisse zielgruppengerecht vermittelt werden können. Die Dokumentation der Daten dient dazu, das Marktforschungsprojekt inkl. der Ausgangssituation, der Ziele, der Vorgehensweise, der Methoden, Resultate und Erkenntnisse für jede interessierte Person nachvollziehbar zu machen. Somit kann die Dokumentation später zusätzlich als Nachschlagewerk oder Wissensdatenbank fungieren, um zukünftig ähnlich ausgerichtete Projekte zu erleichtern. Darüber hinaus dient eine Dokumentation der Information weiterer Entscheidungsträger, die bisher nicht in das Projekt eingebunden waren. Nicht zu vergessen ist auch der psychologische Wert einer Dokumentation, weist sie doch die Arbeitsleistung des Projektleiters oder die Auftragsleistung externer Marktforscher nach.
Die Präsentation der Marktforschungsergebnisse inkl. der Interpretation und eventuellen Entscheidungsempfehlung ist quasi die stark reduzierte visuelle und verbale Form der Dokumentation. Bei der Präsentation spielen in erster Linie Methodik und Didaktik eine wichtige Rolle. Das heißt, das adressierte Zielpublikum soll die Kerndaten des Projekts und die wichtigsten Erkenntnisse schnell und glaubwürdig

erfassen und verstehen können. Fehler und Nachlässigkeiten in dieser Phase führen nicht selten dazu, dass die gesamte wertvolle Marktforschungsarbeit kritisiert und angezweifelt wird und somit die gewonnenen Erkenntnisse nicht mit dem notwendigen Ernst in Bezug auf Umsetzung der Empfehlungen gesehen wird. Da Resultate eines Marktforschungsprojektes auf unterschiedlichste Weise dargestellt werden können, spielen auch taktische Präsentationsziele eine nicht unerhebliche Rolle. Die Frage ist schlicht, was mit der Präsentation erreicht werden soll. Nach diesen Zielen sollte sich die Dramaturgie einer Präsentation richten. Näheres zum Thema „Präsentation" wird im Kapitel 8 besprochen.

4.8 Phase 8: Gewonnene Erkenntnisse umsetzen

Für eine ganze Reihe von Autoren ist ein Marktforschungsprozess mit der Phase der Dokumentation und Präsentation abgeschlossen. Aber ein Marktforschungsprojekt gewinnt erst dann so richtig an Bedeutung, wenn die gewonnenen Erkenntnisse operativ genutzt werden. Die Investitionen in Zeit und Geld, die ein Marktforschungsprojekt mit sich bringen, rechnen sich erst, wenn die erhobenen Informationen zur Verbesserung der Ausgangssituation genutzt werden. In Phase 1 des Marktforschungsprozesses wurde ein Problem definiert, das es zu lösen gilt. Phase 2 beinhaltete die Datenverwendung. In diesen beiden ersten Phasen wird somit der Umsetzungsprozess bereits vorbereitet. Damit die Erkenntnisse umgesetzt werden können, müssen zunächst alle Beteiligten des Umsetzungsprozesses die für sie relevanten Daten verstehen und wissen, wie sie damit umgehen sollen. Die gewonnenen Erkenntnisse fungieren dann wiederum als Ist-Stand oder Ausgangslage für eine Umsetzung. Auch hier werden dann wieder Ziele definiert, die eventuell mit einem später folgenden Marktforschungsprojekt überprüft werden können. Auch das Thema „Umsetzung" wird im Kapitel 8 umfangreicher beschrieben.

5 Mit welcher Methode fangen Sie an? Sekundärforschung als kostengünstige Methode

Nachdem Sie den Marktforschungsprozess als Ganzes kennen, stellt sich nun die Frage, welche Methoden es denn gibt und wie man sie anwendet. Wir betrachten zunächst das Feld der Sekundärforschung, da es einerseits wie schon beschrieben „vom Schreibtisch aus" zu bewerkstelligen und damit leichter umsetzbar ist und andererseits weil diese Methode sehr kostengünstig ist. Sekundärforschung ist jedoch auch mit so manchen Nachteilen behaftet:

Vorteile	Nachteile
• Schneller Datenzugang im Vergleich zur Primärforschung	• Spezielle Sekundärdaten sind häufig nicht verfügbar
• Kostengünstige bis kostenlose Datengewinnungsmöglichkeit	• Aktualität der Daten ist nicht immer gewährleistet
• Komfortable Datengewinnung	• Es können Fehler enthalten sein
• Oft die einzig mögliche Datenquelle, wenn Primärforschung nicht möglich	• Datengliederung oder Stichproben entsprechen nicht immer dem Datenbedarf
• Verhältnismäßig einfache Aufbereitung der Daten	• Exklusivität ist nicht gewährleistet (jeder hat Zugriff)
• Untersuchungswiederholungen, um Entwicklungen zu erkennen, sind leichter möglich	• Oft fehlen Angaben zur Erhebungsmethodik

Abb. 6: Vor- und Nachteile von Sekundärforschung

Die Vorteile der Sekundärforschung sind unbestritten. Will man nun diese Vorteile nutzen, auf der anderen Seite aber die Nachteile besser kontrollieren, um dadurch die Datenqualität zu verbessern, dann kann man folgende Checkliste angelehnt an *Ebster* einsetzen:

✔ Checkliste für Sekundärquellen

	Ja	Nein
1. Es ist bekannt, wer die Informationen (Studie, Bericht etc.) verfasst oder publiziert hat.	☐	☐
2. Es ist bekannt, welchen Zweck der Verfasser verfolgt oder wer von den Informationen profitiert.	☐	☐
3. Die Aktualität der Informationen ist gewährleistet.	☐	☐
4. Widersprüchliche Daten oder Informationen wurden entdeckt.	☐	☐
5. Die Relevanz der Informationsquelle für das Forschungsproblem ist gegeben.	☐	☐
6. Die Datenmenge ist ausreichend. Es müssen keine weiteren Datenquellen herangezogen werden.	☐	☐
7. Es ist bekannt, auf welche Art und Weise die Erhebung zustande gekommen ist (Stichprobengröße, Untersuchungsmethodik, Instrumente etc.).	☐	☐

Sie werden bei der Anwendung der Checkliste feststellen, dass man nicht immer alle Fragen befriedigend beantworten kann. Trotzdem können die erhaltenen Daten sehr wertvoll sein. Wichtig ist nur, dass man den Blick für die Überprüfung der Quellen nicht verliert oder sich gar blind auf eine Quelle verlässt, um z.B. eine folgenreiche Investitionsentscheidung zu treffen. Kann man über die Herkunft und das Zustandekommen einer Information keine Angaben machen, dann hilft beispielsweise ein einfacher Datenvergleich von Ausschnitten einer Untersuchung mit einzelnen Teilbereichen anderer Erhebungen.

Mit welchen Datenquellen fangen Sie nun an? Sie lernen im Folgenden interne und externe Datenquellen kennen. Das Internet kann zugleich als interne wie auch als externe Datenquelle bezeichnet werden und wird daher extra behandelt.

5.1 Interne Informationsquellen der Sekundärforschung

Die erste Schritt bei der Suche nach relevanten Daten zur Lösung eines Forschungsproblems im Unternehmen ist, zunächst einmal zu überprüfen, welche Daten im Betrieb schon vorhanden sind. In der Regel gibt es da eine ganze Menge an Informationen, die oftmals nur nicht an einem Datenort zu finden, sondern in verschiedenen Abteilungen verstreut sind. Folgende interne Informationsquellen im Betrieb können Sie gratis nutzen:

- Betriebswirtschaftliche Daten des Rechnungswesens wie
  - Rechnungen
  - Deckungsbeitragsberechnungen
  - Kostenrechnung
  - Lieferscheine
  - Mahnwesen usw.

- Kundendaten
  - Kundenangaben (Alter, Geschlecht, Wohnort, Umsatz, Kaufzeiträume, Beruf, Ausbildung, Hobbys, Kaufverhalten etc.)
  - Zahlungseingänge, Servicenutzung
  - Barkauf, Leasing, Finanzierung, Kreditkauf

- Vertriebs- und Absatzdaten
  - Angebots-, Auftragseingangs- und Auftragsbestandsstatistik
  - Außendienstberichte, Besuchsberichte
  - Kundendienstberichte
  - Reklamationen, Anfragen

- Produktions- und Lagerstatistiken
  - Angaben über Sortimentsbreite und -tiefe
  - Bereits durchgeführte Studien des Unternehmens
  - Betriebsinterne Archive
  - Interne Experten, die wiederum speziellen Zugang zu Informationen haben oder schon bei Wettbewerbern gearbeitet haben
  - Kundenzufriedenheitserhebungen im Rahmen des Servicemanagements

Organisiert ein Unternehmen seine Daten gut und pflegt es seine Datenbanken systematisch, dann erleichtert dies die Recherchearbeit in der Sekundärmarktforschung erheblich. Leider wird speziell in kleineren Betrieben häufig die systematische Datenarbeit, allein schon die regelmäßige Aufbereitung der Kundendatei sträflich vernachlässigt. Dadurch steigert sich der Arbeitsaufwand für die interne

Informationsbeschaffung und wird dann ebenso gern als zu aufwendig betrachtet und nicht durchgeführt.

5.2 Externe Informationsquellen der Sekundärforschung

Die Möglichkeiten an außerbetriebliche Datenquellen zu gelangen, sind recht vielfältig:

- Behörden und statistische Ämter
  - Statistisches Bundesamt
  - Statistische Landesämter
  - Statistiken der Städte und Gemeinden
  - Statistiken der Bundes- und Landesbehörden, Bundestag, Bundesrat, Ministerien
  - Statistiken der internationalen Institutionen (z.b. EU, GATT, UNO, OECD)

- Interessensvertretungen und Fachverbände
  - Statistiken der Industrie- und Handelskammern (IHK, DIHT)
  - Bundesverband der Deutschen Industrie (BDI)
  - Centrale Marketing-Gesellschaft der Deutschen Agrarwirtschaft (CMA)
  - Fachverbände wie Verband der Automobilindustrie (VDA), Verband der Investitionsgüterindustrie (VDMA), Zentralverband Elektrotechnik- und Elektronikindustrie (ZVEI), Zentralverband des deutschen Kraftfahrzeuggewerbes (ZDK), Zentralverband des deutschen Handwerks (ZDH) usw.

- Archive von Tageszeitungen und Zeitschriften
- Fachbücher
- Veröffentlichungen von wirtschaftswissenschaftlichen Instituten
  - Ifo-Institut für Wirtschaftsforschung
  - Institut für Weltwirtschaft
  - Forschungsstelle für den Handel, Berlin usw.
- Veröffentlichungen von Universitäten und Fachhochschulen
  - Forschungsberichte
  - Statistiken
  - Expertisen
- Bibliotheken
  - Statistisches Material
  - Handbücher
  - Lexika
  - Verzeichnisse (z.B. Branchenbücher, Bezugsquellen, Anbieter)

- Unternehmenspublikationen der Konkurrenz
  - Geschäftsberichte
  - Firmenzeitschriften
  - Kataloge, Broschüren, Prospekte

- Presseausschnittbüros
  - Individuelle Zusammenstellungen von speziellen Themenbereichen
  - Zeitungsausschnitte über die Wettbewerber
  - Zeitungsausschnitte über spezielle Produkte

- Marktforschungsinstitute
  - Öffentliche Berichte, z.B. von GfK, Emnid, Forsa, Infratest-Burke, Nielsen, Institut für Demoskopie Allensbach
  - Statistiken

- Geschäftsbanken
  - Branchenberichte
  - Interne Veröffentlichungen (z.B. „Wer gehört zu wem?" der Commerzbank)

- Veröffentlichungen von Werbeträgern und Werbemittelherstellern
- Offline-Datenbanken
  - Disketten
  - CD-Roms
  - DVDs

Im Anhang am Ende des Buchs finden Sie entsprechende Websites zu den genannten Quellen.
Die Vielzahl der möglichen sekundärstatistischen Informationsquellen macht eine gezielte Datensuche unbedingt notwendig, sonst verlieren Sie sich schnell in den „unendlichen Weiten" der Informationsmöglichkeiten. Es gibt eine grobe Regel, nach der man bei der externen Datensuche verfahren kann:

Je allgemeiner und globaler die Fragestellung ausfällt, desto hilfreicher ist die Sekundärforschung mit externen Quellen. Im Umkehrschluss heißt das, dass die externe Sekundärforschung umso weniger Unterstützung bietet, je firmenspezifischer die Fragestellung ist.

> **Übung:**
>
> Versuchen Sie spontan, eine Fragestellung zu formulieren, die Sie in Ihrem beruflichen Bereich gern lösen würden. Notieren Sie danach stichpunktartig die internen und externen Informationsquellen, die Sie dazu heranziehen würden.
>
> _____
> _____
> _____
> _____
> _____
> _____

5.3 Internet als interne und externe Informationsquelle der Sekundärforschung

Das Internet hat sich in den letzten Jahren hinsichtlich der Sekundärforschung zu einem besonders wichtigen Instrument entwickelt. Für das Internet spricht vor allem die unproblematische, schnelle und bequeme Zugriffsmöglichkeit vom Arbeitsplatz aus, vorausgesetzt ein Internetanschluss ist vorhanden. Darüber hinaus ist aber vor allem die immense Vielfalt an Informationsmöglichkeiten, die das weltweite Netz bietet, für die Attraktivität dieses Informationsmittels verantwortlich. Was für die einen ein Segen ist, stellt für die anderen eine Last dar. Beide Sichtweisen sind auch bei der Sekundärforschung zu finden. Auf der einen Seite gibt es im Internet schnell und bequem viele Antworten auf die persönlichen Fragestellungen. Auf der anderen Seite kann man mit zu allgemeinen Suchstrategien Lawinen von Informationen abrufen, die jede halbwegs sinnvolle Datenanalyse unmöglich machen. Das Thema „Schnelle Informationssuche" ist dann bald erledigt. Die Frage ist also, wo und wie finde ich genau die relevanten Informationen? Der Nachteil des Internets rührt von der dezentralen Struktur des Aufbaus des weltweiten Netzes her. Millionen von Rechnern sind miteinander vernetzt. Täglich kommen Abertausende von Webseiten neu dazu. Und irgendwo ist die Information verborgen, die Sie suchen. Im Folgenden sollen fünf verschiedene Möglichkeiten zur Informationsbeschaffung im Internet vorgestellt werden:

- Suchdienste
- Newsgroups und Mailinglisten
- Online-Datenbanken
- Virtual Communities
- Webseiten der Wettbewerber

5.3.1 Suchdienste

Man kann grundsätzlich zwei Arten von Suchdiensten im Internet unterscheiden: Themenverzeichnisse (Suchdienste mit manueller Datenakquisition) und Suchmaschinen (Suchdienste mit automatischer Datenakquisition).

Themenverzeichnisse
Themenverzeichnisse sind immer hierarchisch aufgebaut. Dies verlangt zunächst vom Benutzer das Bestimmen eines Oberbegriffs. Nach Eingabe des Oberbegriffs können Sie sich in den jeweiligen thematischen Unterverzeichnissen weiter durchklicken, um die Begriffe immer weiter thematisch einzugrenzen. Es gibt allgemeine Themenverzeichnisse, die mehr die Informationsbreite bedienen und spezielle Verzeichnisse, die eher die Informationstiefe betonen. Deutschsprachige Themenverzeichnisse enthalten meist nur Webseiten in deutscher Sprache, wohingegen englischsprachige Verzeichnisse nicht nur den angelsächsischen Sprachraum abdecken, sondern zum Teil auch darüber hinausgehen. Beispiele für allgemeine Themenverzeichnisse sind:

deutschsprachig:
- http://www.yahoo.de
- http://www.sharelook.de
- http://www.dino.de
- http://www.allesklar.de
- http://www.web.de

englischsprachig:
- http://www.yahoo.com
- http://www.about.com
- http://www.mckinley.com
- http://www.excite.com
- http://vlib.stanford.edu

Diese Art von Suchdiensten verwendet man vorzugsweise, um sich einen Überblick über ein Themengebiet zu verschaffen. Bedenken Sie dabei, dass die Pflege dieser Themenverzeichnisse manuell durchgeführt wird und dadurch zwangsweise die Aktualität und der Umfang der Ergebnisse im Vergleich zu automatischen Suchdiensten eingeschränkt ist. Andererseits ist jedoch die Qualität bezüglich der Themennähe der erzielten Treffer in der Regel besser.

Suchmaschinen

Suchmaschinen basieren auf einer anderen Suchmethodik. Mithilfe von speziellen Programmen wird das Internet permanent nach Begriffen systematisch durchforstet. Es wird entweder eine Indexierung oder eine lexikalische Analyse durchgeführt, und die für einen Suchbegriff gefundenen Seiten werden in einer Datenbank abgelegt. Die Suchanfrage eines Nutzers per Schlagwort entspricht dann einer klassischen Datenbankabfrage. Da die Aufnahme der entsprechenden Webseiten über Begriffe erfolgt, kann das thematische Umfeld einer Webseite extrem unterschiedlich sein. Würden Sie beispielsweise internationale Marktforschung für Katzenfutter durchführen und den Suchbegriff „Cats" eingeben, erhalten Sie auch Ergebnisse zum Musical „Cats". (Ein kurzer Test ergab in der Suchmaschine http://www.google.de eine Trefferquote von 7.230.000 Webseiten, die „Cats" enthalten. Würde man für das Aufrufen und Lesen jede Seite nur 10 Sekunden benötigen, wäre man schon über zwei Jahre permanent nur mit dieser Tätigkeit beschäftigt.)

Da jeder Mensch uneingeschränkt Informationen ins weltweite Datennetz stellen kann, steigt die Anzahl der Webseiten, respektive die verfügbare Datenmenge ständig. Man spricht momentan von ca. 3 Milliarden Webseiten (eine Zahl, die sich täglich ändert). Diese schier unvorstellbare Größe an Informationsmöglichkeiten verlangt nach speziellen Suchstrategien.

Zunächst einmal stellt sich die Frage, welche Suchmaschine für die gewünschte Abfrage am besten geeignet ist. Es gibt Standardsuchmaschinen, Spezialsuchmaschinen und Metasuchmaschinen. Standardsuchmaschinen sind zum weltweiten Aufspüren von Textdokumenten, Bildern, Videos, Musikstücken etc. gut geeignet. Sucht man nach weit verbreiteten Informationen, dann ist eine Standardsuchmaschine die richtige Wahl. Da man je nach Suchbegriff schnell eine hohe Anzahl an so genannten Hits (Treffern) erhält, ist es entscheidend, nach welchen Kriterien das Ranking, sprich die Reihenfolge der Treffer, vorgenommen wird. Die Suchmaschine Google bewertet beispielsweise die gefundenen Seiten unter anderem nach der Anzahl der Hinweise oder direkten Vernetzungen (Links) aus anderen Webseiten. Je öfter also von anderen Webseiten auf die Adresse verwiesen wird, desto höher steht die jeweilige Internetseite auf der Ergebnisliste der Suchmaschine.

Spezialsuchmaschinen achten neben dem jeweiligen Suchbegriff auch auf das textliche Umfeld. Von daher ist eher gewährleistet, dass der gewünschte Themenbereich gezielter abgefragt wird. So gibt es Spezialsuchmaschinen für bestimmte Branchen wie http://www.dr-antonius.de mit ausschließlich medizinischen Inhalten. Spezialsuchmaschinen indexieren zum Teil auch Internetseiten, die von Standardsuchmaschinen vernachlässigt werden. So ist die individuelle Durchdringung in einem speziellen Themenbereich im Vergleich zu Letzteren oftmals höher.

Trotzdem kann man nicht davon ausgehen, dass alle relevanten Seiten gefunden werden. Eine Untersuchung der Firma Notess (Stand 2002) ergab, dass keine der in dieser Studie untersuchten meistgebrauchten Suchmaschinen in der Lage war, alle 110 einzigartigen Webseiten zu finden, die vorher für ein Experiment im Internet verbreitet wurden.

Aus diesem Grund setzt man für eine höhere Durchdringung so genannte Metasuchmaschinen ein.

Da unterschiedliche Suchmaschinen auch unterschiedliche Ergebnisse auflisten, hat man Suchmaschinen entwickelt, die mehrere Suchmaschinen kombinieren, die Meta-Crawler. Somit braucht ein Benutzer nicht mehrere Suchmaschinen nacheinander zu befragen, sondern die Metasuchmaschine übernimmt das für ihn. Sie vergleicht die Ergebnisse, sucht Übereinstimmungen und präsentiert die größte gemeinsame Übereinstimmung. Nachteilig wirkt sich bei Metasuchmaschinen die längere Ladezeit und die mögliche Mehrfachlistung von gleichen Suchergebnissen aus (Beispiele für Metasuchmaschinen finden Sie auch im Anhang).

Man kann den Einsatz von Suchmaschinen effektiver gestalten, wenn man bei der Datensuche so genannte Suchoperatoren einsetzt. Im folgenden Beispiel (angelehnt an *Ebster*) soll gezeigt werden, wie das funktioniert.

Kriterium	Beispiel	Erklärung
OR (oder)	Jacke OR Hose	Mit OR erweitert man die Suche. Hier werden alle Seiten gefunden, auf denen sich entweder „Jacke" oder „Hose" oder beide Begriffe befinden.
AND (und)	Jacke AND Hose	Mit AND schränkt man die Suche ein. Es werden nur jene Seiten gefunden, auf denen sich sowohl der Begriff „Jacke" als auch der Begriff „Hose" befinden.
AND NOT (ausgenommen)	Jacke AND NOT Sakko	Mit AND NOT schließt man einen Begriff aus der Suche aus. (Manche Suchmaschinen verwenden hier den Operator NOT). Gefunden werden alle Seiten, bei denen sich der Begriff „Jacke" befindet, aus

Kriterium	Beispiel	Erklärung
		genommen jene Seiten, auf denen sich ebenso der Begriff „Sakko" befindet.
NEAR	Jacke NEAR Hose Jacke ⬭ Hose	NEAR schränkt die Suche noch stärker ein als AND. Es werden Seiten gesucht, bei denen die gesuchten Begriffe relativ nahe beieinander stehen. (Je nach Suchmaschinen: Abstand maximal 5–10 Wörter.) Beispiel: Jacke wie Hose. NEAR ist dann sinnvoll, wenn Sie mit AND zu viele Seiten gefunden haben.

Diese grundsätzlichen Suchoperatoren kann man bei den meisten Suchmaschinen einsetzen. Im Zweifelsfall erläutert Ihnen die Hilfefunktion der jeweiligen Suchmaschine, ob ein Suchoperator anderweitig angewandt werden soll.

Es gibt noch zwei weitere Möglichkeiten der einschränkenden Suche, die leicht angewandt werden können. Die erste Möglichkeit ist das Setzen von Anführungszeichen. Wenn Sie beispielsweise eine ganze Reihe von Suchbegriffen zusammen in Anführungszeichen setzen, dann wird der komplette Ausdruck gesucht (Beispiel: „Katz und Maus spielen"). Die zweite Möglichkeit ist das Setzen von Klammern. Suchbegriffe werden so verbunden und damit die Suchroutine spezieller gestaltet. Suchen Sie beispielsweise nach (Katze AND Kater) OR Hund, dann wählt die Suchmaschine Seiten aus, die entweder den Begriff „Hund" oder die Begriffe „Katze" sowie „Kater" beinhalten. (Katze OR Kater) AND Hund bedeutet, dass nun nach Seiten gesucht wird, die jeweils die Begriffe „Hund" und „Katze" oder „Hund" und „Kater" beinhalten. So gibt es eine Menge Gestaltungsmöglichkeiten.

Fällt die Trefferliste zu gering aus, dann bietet sich der Suchoperator OR in Verbindung mit ähnlichen Begriffen oder Übersetzungen in andere Sprachen an. Ist die Ergebnisliste zu umfangreich, dann sollte man mit dem Suchoperator AND spezifizieren.

Verlassen Sie sich bei wichtigen Suchprozessen möglichst nie auf nur eine Suchmaschine und nutzen Sie auch die „erweiterte Suche" der Suchmaschinen, die eine Eingrenzung auf Datenformate (pdf, gif, ppt, mp3 etc.), Top-Level-Domain-Bereiche (.de, .com, .gov, .at etc.), int. Sprachen u.Ä. ermöglicht.

5.3.2 Newsgroups und Mailinglisten

Neben den Suchdiensten bieten auch Newsgroups oder Mailinglisten für die Sekundärforschung äußerst nützliche Informationen. In Foren äußern Personen per E-Mail ihre Meinung zu einem speziellen Thema oder beantworten eine Frage, die ein anderer User gestellt hat. Wenn man als Nutzer registriert wird, indem man seine E-Mail-Adresse angibt, ist auch dem Missbrauch ein wenig Vorschub geleistet, da jeder Urheber einer Nachricht zurückverfolgt werden kann. Speziell im Bereich der Forschung und Entwicklung herrscht ein reger internationaler Austausch über Newsgroups und Mailinglisten. Jedes Forum hat sein fachliches Spezialthema und dies macht Newsgroups so wertvoll, da pro Forum auch nur zu dem jeweiligen Thema Meinungen zu finden sind.

Mailinglisten (eine Form sind Newsletter) funktionieren wie eine Art Abonnement aktueller Fachinformationen. Sind Sie für ein Thema registriert, dann erhalten Sie in regelmäßigen Abständen eine Auswahl an gesammelten und aufbereiteten Informationen zu einem Thema.

Aus Marktforschungssicht sind beispielsweise Newsgroups interessant, in denen sich Konsumenten über die Qualität und die Anwendung spezieller Produkte austauschen oder Dienstleistungen bewerten. Sie finden hier wertvolle subjektive Meinungen von Anwendern, sei es über das eigene oder das Konkurrenzprodukt.

5.3.3 Online-Datenbanken

Offline-Datenbanken bieten Informationen auf Datenträgern. Online-Datenbanken können dagegen über Datenfernübertragung (DFÜ) genutzt werden. In Online-Datenbanken sind immense Menge an Informationen archiviert. Dadurch ist eine systematische Abfrage über logische Verknüpfungen oder mehrdimensionale Suchkriterien möglich. Im Vergleich zu Offline-Datenbanken werden Online-Datenbanken permanent gepflegt und aktualisiert. Sie sind daher in der Regel kostenpflichtig. Ein Beispiel sind die Genios Wirtschaftsdatenbanken (http://www.genios.de), weitere Datenbanken finden Sie im Anhang.

> **!** Um die Nutzungskosten für Online-Datenbanken im Rahmen zu halten, ist es besonders wichtig, vorher genau abzuschätzen, welchen Wert die Informationen für das Unternehmen haben werden. Qualität hat auch hier ihren Preis. Deshalb definieren Sie Ihren Informationswunsch so exakt wie möglich, bevor Sie eine kostenpflichtige Abfrage starten.

5.3.4 Virtual Communities

Virtual Communities sind künstliche Welten. Diese virtuellen Räume gibt es in zwei- und auch dreidimensionaler Form. Man hat die Möglichkeit, diese virtuellen Welten zu betreten, um in Echtzeit andere Nutzer der betreffenden Welt zu treffen und sich mit ihnen auszutauschen. So werden reale Zusammenkünfte simuliert. Der Nutzer kann sich quasi frei in einem virtuellen Raum bewegen, ohne z.B. den Schreibtisch verlassen zu müssen. Da in den meisten Virtual Communities eine direkte Kommunikationsmöglichkeit (Chat) gegeben ist, können beispielsweise Gruppen- oder Einzelinterviews geführt werden. Das heißt, anstelle der Befragung in einer Fußgängerzone könnte man auch in einer Virtual Community direkt und persönlich die Befragung durchführen.

Virtual Communities sind kommunikative Plattformen, die den synchronen Austausch von Informationen, Wissen und sogar Produkten ermöglichen. So gibt es beispielsweise spezielle Communities, in denen sich Verbraucher direkt über die Qualitäten und Preise unterschiedlicher Produkte austauschen. Die Bewertungen einzelner Produkte werden zusammengefasst und ein Durchschnittswert wird berechnet. So hat der Nutzer die Möglichkeit, bereits vorhandene Meinungen zusammengefasst und bewertet abzufragen und seine eigene Meinung zu platzieren.

5.3.5 Webseiten der Wettbewerber

Heutzutage gehört es schon fast zum guten Ton, eine eigene Firmenwebseite zu haben. Webseiten von Unternehmen bieten i.d.R. eine ganze Reihe von Informationen, die man bequem und kostenlos vom Schreibtisch aus einholen kann. Zunächst einmal ist es interessant zu sehen, in welcher Form ein Unternehmen auftritt, welche Stimmung es verbreiten will. Zugleich kann man sich über Leistungen und Produkte informieren, über Preispolitik und Distributionsmöglichkeiten oder auch über Mitarbeiter. So ermöglicht die Analyse der Wettbewerberseite einen Vergleich mit den eigenen Leistungen, Produkten etc. Überdies können ebenso Webseiten von ähnlich ausgerichteten Unternehmen, die nicht zu den direkten Wettbewerbern gehören (sei es aufgrund geographischer oder zielgruppenspezifischer Unterschiede), wichtige Ideen für eigene Entwicklungsmöglichkeiten liefern.

Übung:

Probieren Sie die fünf verschiedenen Internetquellen an einem Beispiel, das Sie interessiert, aus und sammeln Sie gezielt für Sie relevante Informationen.

_____
_____
_____
_____
_____
_____
_____
_____
_____
_____
_____
_____

6 Wie kommen Sie an unternehmensspezifische Marktdaten? Primärforschung zur Steuerung des Marketingmanagements

Auch wenn die Möglichkeiten der Sekundärforschung sehr umfangreich sind, kann bei unternehmensspezifischen Fragestellungen durchaus die Notwendigkeit bestehen, selbst Untersuchungen anzustellen. Man bezeichnet diesen Bereich der Datensuche als Primärforschung, da die jeweiligen Daten zum ersten Mal erhoben werden. Die Primärforschung bietet ebenfalls eine Menge Möglichkeiten, um an Informationen zu kommen. Damit jedoch die erhobenen Daten auch aussagekräftig genug sind und man sich ja auch darauf verlassen können möchte, ist es notwendig, einige Kriterien anzusprechen, die die Qualität einer Untersuchung bestimmen. Solche Qualitätsfaktoren nennt man Gütekriterien.

6.1 Gütekriterien

Es gibt drei verschiedene Gütekriterien, die Sie zur qualitativen Bewertung von Messvorgängen, Messinstrumenten und den gewonnenen Daten heranziehen können. Dies sind die Objektivität (Sachlichkeit), die Reliabilität (Zuverlässigkeit) und die Validität (Gültigkeit). Diese drei Kriterien zur Güte der Messung sollte man immer im Auge behalten.

Objektivität
Ein Messvorgang wird dann als objektiv bezeichnet, wenn mehrere Personen (Untersuchungsleiter) unabhängig voneinander zum gleichen Ergebnis kommen. Man unterscheidet die Durchführungsobjektivität, die Auswertungsobjektivität und die Interpretationsobjektivität. In der Praxis bedeutet das, dass die Ergebnisse des Messvorgangs (z.B. bei einer Befragung) möglichst nicht von der durchführenden Person (Auftreten, Aussehen, Sprache etc.) beeinflusst und dadurch verfälscht werden.

Reliabilität
Die Reliabilität eines Messinstruments ist gegeben, wenn bei wiederholter Messung unter gleichen Rahmenbedingungen auch gleiche Werte herauskommen. Das bedeutet, die Messwerte sind präzise, konstant und reproduzierbar. Die Zuverlässigkeit des Messvorgangs kann durch Messfehler eingeschränkt werden, die z.B. darauf beruhen, dass trotz gleicher Messinstrumente und -bedingungen Lerneffekte auftreten (z.B. Wiederholung einer Befragung bei den gleichen Personen).

Validität

Ein Testverfahren wird als valide bezeichnet, wenn mit den Testinstrumenten exakt das gemessen wird, was auch gemessen werden soll. Man differenziert darüber hinaus zwischen interner und externer Validität. Interne Validität ist gegeben, wenn die gemessene Variation eines Messwerts einzig und allein auf die Veränderung einer unabhängigen Variable zurückgeführt werden kann. Als Beispiel könnte man einen Produkttest anführen, bei dem die Attraktivität der Verpackung bewertet werden soll. Verändert man nur die Farbe der Verpackung, nicht aber zugleich Design und Größe und misst die Veränderung, dann ist die Validität dieses Tests hoch.

Die externe Validität bezieht sich auf die Generalisierbarkeit der erhaltenen Ergebnisse. Nimmt man obiges Beispiel, dann wäre eine hohe externe Validität gegeben, wenn man z.B. bei der Untersuchung mit 100 Testpersonen herausgefunden hätte, dass die Verpackungsfarbe Rot als am attraktivsten bewertet wurde und man dies auf alle Konsumenten in Deutschland übertragen könnte.

❌ Praxisbeispiel:

Der Besitzer eines Einrichtungsgeschäfts wollte herausfinden, wie die neue Gestaltung seines Ladens bei den Kunden ankommt und hatte seinen Mitarbeitern aufgetragen, einfach die Kunden während der Verkaufsgespräche darüber zu befragen. Er selbst tat dies genauso. Es gab keine Vorgaben für Fragen, Zeiträume, Zielgruppen oder Ähnliches. Der Besitzer, ein hoch gewachsener, dominant wirkender, manchmal etwas barscher Mann, wunderte sich, dass er ausschließlich positive Äußerungen über den Umbau erhielt, wohingegen seine Mitarbeiter die eine oder andere sehr ablehnende Meinung zu vermelden hatten.
Betrachtet man die Gütekriterien, dann sind die Ergebnisse dieser Befragung nicht sehr brauchbar. Die Objektivität war nicht gegeben, da der Besitzer durch sein Auftreten eine gewisse „höfliche" Antwort heraufbeschwor und seine Mitarbeiter völlig unterschiedlich auf die Befragten wirkten. Die Reliabilität war nicht gegeben, weil die unsystematisierte Befragung völlig unterschiedliche Botschaften vermitteln kann und somit das Messinstrument nicht präzise genug war. Die interne sowie externe Validität war nicht gegeben, da weder eine Antwort auf die veränderte Variable (Attraktivität des Umbaus ist zu allgemein und hängt von mehreren Faktoren ab) zurückzuführen noch eine Generalisierung auf alle Kunden (es wurden wahllos und nicht zielgruppenorientiert Kunden befragt) möglich war. Das bedeutet, unter Marktforschungsaspekten ist das so durchgeführte Testverfahren unbrauchbar.

Objektivität ist die Voraussetzung für Reliabilität, und Reliabilität ist die Voraussetzung für Validität. Also schauen Sie zunächst immer erst auf die Objektivität Ihres Messvorhabens, dann auf die Reliabilität und schließlich die Validität.

Auswahlkriterien und -verfahren 67

6.2 Auswahlkriterien und -verfahren

Wollen Sie eine Erhebung selbst durchführen, stellt sich bald die Frage, welche und vor allem wie viele Personen Sie untersuchen sollten. Bei persönlichen Interviews ist es oftmals schon aus Kostengründen nicht möglich, alle infrage kommenden Personen, also die Grundgesamtheit der Untersuchung, zu befragen. Hier müssen Sie eine so genannte Stichprobe auswählen. Diese Stichprobe muss nach bestimmten Kriterien gebildet werden, da sonst nicht auf die Grundgesamtheit geschlossen werden kann, das heißt die Stichprobe nicht repräsentativ ist. Bekanntes Beispiel für eine repräsentative Stichprobe sind die Hochrechnungen der Wahlforscher. Hier werden systematisch ca. 2.000 Personen im wahlfähigen Alter befragt und damit alle Einwohner Deutschlands, die wählen dürfen, abgebildet.

Ein Beispiel für eine aufwändige Untersuchung der Grundgesamtheit ist die Volkszählung. Hier wird tatsächlich jeder Bundesbürger mit einbezogen und damit die Untersuchung repräsentativ, Fehler aufgrund der Auswahl der Stichprobe gibt es nicht. Der Nachteil dabei ist der immens hohe Aufwand verbunden mit entsprechenden Kosten.

Bei kleinen Grundgesamtheiten sollte eine Vollerhebung vorgenommen werden. Wenn Sie beispielsweise nur die Meinung Ihrer 30 Schlüsselkunden interessiert, sollten Sie ausnahmslos alle befragen. Haben Sie dagegen vor, eine Imageanalyse im Bereich Ihrer 2.500 Kunden durchzuführen, ist ein Auswahlverfahren empfehlenswert. Die folgende Grafik gibt einen Überblick über die Bestimmung des Auswahlverfahrens. Je nachdem, wie groß oder klein bzw. wie homogen oder heterogen die zu untersuchende Personengruppe ist, gibt es unterschiedliche Möglichkeiten, eine aussagekräftige Stichprobe auszuwählen.

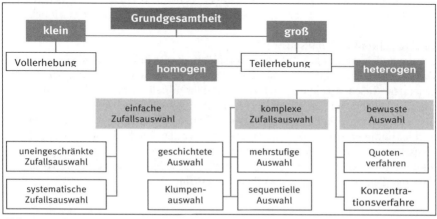

Abb. 7: Festlegen des Auswahlverfahrens

Die Grafik stellt eine Art Entscheidungsbaum dar. Wie schon angesprochen, ist zunächst entscheidend, wie groß die Grundgesamtheit der marktforscherischen Untersuchung sein soll. In den wenigsten Fällen wird man eine Vollerhebung realisieren, es sei denn, die zu analysierende Gruppe ist aus Kosten- und Aufwandsgründen klein genug. Ist die Grundgesamtheit zu groß für eine Vollerhebung, dann führt man eine so genannte Teilerhebung durch. Hierbei ist es nun entscheidend, ob es sich um eine homogene (Individuen der Grundgesamtheit sind sich ähnlich) oder eine heterogene Gruppe (Individuen der Grundgesamtheit sind sehr unterschiedlich) handelt. Hat man eine homogene Ausrichtung der Grundgesamtheit, dann sind Methoden der einfachen Zufallsauswahl die richtige Wahl. Ist dagegen die Grundgesamtheit heterogen, dann sollte man Methoden der komplexen Zufallsauswahl oder der bewussten Auswahl vorziehen. Im Folgenden werden die einzelnen Auswahlverfahren vorgestellt.

6.2.1 Einfache Zufallsauswahl

Bei der einfachen Zufallsauswahl hat jedes Element der Grundgesamtheit die gleiche Chance, in die Stichprobe zu gelangen. Man setzt voraus, dass aus Sicht des Untersuchungsziels die Grundgesamtheit ausreichend homogen erscheint. Aufgrund ihrer schnellen Durchführbarkeit ist die einfache Zufallsauswahl eine der am meisten genutzten Auswahlverfahren. Es gibt verschiedene Möglichkeiten: Klassisch könnte man alle Mitglieder der Grundgesamtheit in Form von Losen in eine Lostrommel werfen, um dann willkürlich aus dieser Grundgesamtheit zu ziehen. Da dies speziell bei umfangreichen Grundgesamtheiten sehr aufwändig ist, bedient man sich vorzugsweise möglichst vollständiger Namenslisten der Mitglieder einer Grundgesamtheit. Dies kann z.B. eine Kundendatei oder auch ein Telefonbuch sein.

Uneingeschränkte Zufallsauswahl
Für die uneingeschränkte Zufallsauswahl kann man z.B. Zufallszahlen verwenden. Das bedeutet, dass die Namensliste durchnummeriert wird und dann per Zufallsgenerator (Taschenrechner, MS-Excel etc.) oder mittels Zufallszahlentabellen (Statistische Lehrbücher) die einzelnen Elemente ausgewählt werden.
Ebenso kann man ein Buchstaben- oder Ziffernverfahren wählen. So ist es möglich, in einer nummerierten Liste jeweils Elemente der gleichen Endziffer (z.B.: 7, 17, 27, 37 usw.) in die Stichprobe aufzunehmen. Das Buchstabenverfahren setzt keine nummerierte Liste voraus. Hier werden beispielsweise lediglich Elemente mit vorher definierten gleichen Anfangsbuchstaben ausgewählt.

Systematische Zufallsauswahl

Auch bei diesem Verfahren ist keine durchnummerierte Liste notwendig. Allerdings wird vorausgesetzt, dass die Reihenfolge einer zufälligen oder sich nicht wiederholenden Ordnung unterliegt wie z.B. eine alphabetische Reihenfolge, die außer den Anfangsbuchstaben nichts mit den Elementen selbst zu tun hat. Dann wird z.B. festgelegt, dass jeder zehnte Name ausgewählt wird, wobei irgendwo begonnen werden kann. Der Abstand der Folge hängt davon ab, wie groß die Stichprobe werden soll. Es könnte auch z.b. jeder 500ste Name sein.

> **!** Man könnte meinen, dass jede Auswahl, die einfach so durchgeführt wird, auf dem Zufallsprinzip basiert. Zufallsauswahl hat im Zusammenhang mit Marktforschung nichts mit Willkür zu tun. Steht man beispielsweise vor einem Supermarkt, um eine Befragung durchzuführen und wählt ganz „zufällig" die Interviewpartner, dann entspricht das nicht dem Zufallsprinzip. Hier können nämlich Faktoren wie Kleidung, Gesichtsausdruck etc. die Auswahl subjektiv beeinflussen. Bei einer Zufallsauswahl dagegen hat jedes Element der Grundgesamtheit theoretisch die gleiche Chance, genommen zu werden.

6.2.2 Komplexe Zufallsauswahl

Die Verfahren der komplexen Zufallsauswahl beruhen darauf, dass innerhalb der Grundgesamtheit Schichten oder Gruppen gebildet werden, um dadurch homogenere Kleingruppen zu erhalten. So können dann wiederum Stichproben über einfache Zufallsverfahren ermittelt werden.

Geschichtete Auswahl

Unter einer geschichteten Auswahl versteht man die Bildung von Schichten, um die Heterogenität der Grundgesamtheit zu reduzieren. So können beispielsweise alle Wirtschaftsbetriebe eines Regierungsbezirks in Groß-, Mittel- und Kleinunternehmen aufgrund der Anzahl der Mitarbeiter aufgeteilt werden. Innerhalb der Schichten wird per Zufallsauswahl bestimmt, wer in die Stichprobe integriert wird.

Klumpenauswahl

Bei diesem Verfahren wird die Grundgesamtheit in Gruppen unterteilt, die für die Untersuchung interessant sind. Per Zufallsauswahl werden die zu untersuchenden Klumpen ausgewählt, wobei jedes Mitglied der ausgewählten Klumpen in die Stichprobe aufgenommen wird. Will man z.B. feststellen, wie viel in einem Stadtteil pro Monat für Brot- und Teigwaren ausgegeben wird, dann könnte man Gruppen nach

Straßenzügen und größeren Wohneinheiten bilden. Welche Wohneinheit in welcher Straße für die Stichprobe ausgewählt wird, würde dann per einfachem Zufallsverfahren herausgefunden werden. Alle Bewohner einer so ausgewählten Wohneinheit wären dann Teil der Stichprobe.

Mehrstufige Auswahl
Eine mehrstufige Auswahl kombiniert die zuvor erwähnten Verfahren hintereinander. Speziell bei Grundgesamtheiten, die eine hierarchische Struktur aufweisen, kann man dadurch schrittweise zu den gewünschten Elementen vorstoßen, vor allem wenn nicht immer alle gewünschten Informationen zur Grundgesamtheit vorliegen.

Sequenzielle Auswahl
Bei dieser Art der Auswahl steht der Stichprobenumfang anfangs nicht fest. Es wird zunächst eine kleine Stichprobe ausgewählt und z.B. eine Befragung durchgeführt, um dann zu entscheiden, ob und wie viele weitere Befragungen durchgeführt werden. Eine sequenzielle Auswahl macht Sinn, wenn der Aufwand und die Kosten für ein Interview sehr hoch sind. Durch die zeitliche Verlängerung der Datenerhebungsphase können sich ändernde Rahmenbedingungen zu Verzerrungen und Fehlern führen. Eine Momentaufnahme ist quasi nicht gewährleistet.

6.2.3 Bewusste Auswahl

Diese Verfahrensweisen beruhen nicht auf einem Zufallsprinzip, sondern es wird vorab genau definiert, welche Art von Elementen in die Stichprobe aufgenommen werden. Diese Auswahl beruht auf sachrelevanten Merkmalen.

Quotenverfahren
Quotenverfahren oder systematische Stichproben sind die am häufigsten angewandten Auswahlverfahren. Bei einem Quotenverfahren wird quasi die Grundgesamtheit auf die Größe der gewünschten Stichprobe abgebildet, um eine möglichst hohe Repräsentativität zu erzeugen. Quotenverfahren sind besonders bei Marktforschungsinstituten beliebt, weil sich auf relativ kostengünstige Weise große Grundgesamtheiten repräsentativ abbilden lassen. Voraussetzung ist allerdings, dass man Informationen über die Verteilung in der Grundgesamtheit hat. In erster Linie verwendet man dazu soziodemographische Daten, d.h. Informationen über Geschlecht, Alter, Beruf etc. Diese Daten erhält man für einen geographischen Bereich beispielsweise über das Statistische Bundesamt. So erfährt man die prozentuale Verteilung der Bevölkerung unter verschiedenen Betrachtungsweisen. Man braucht dann nur noch die prozentualen Verhältnisse der Grundgesamtheit auf die

Stichprobe zu übertragen und erhält die erforderlichen Quoten. Folgende Abbildung zeigt das Prinzip des Quotenverfahrens:

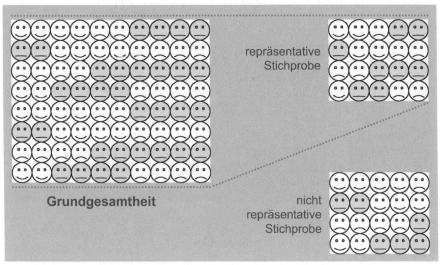

Abb. 8: Prinzip des Quotenverfahrens

Konzentrationsverfahren
Das Konzentrationsverfahren beschränkt sich in der Auswahl der Elemente der Grundgesamtheit auf solche, denen aufgrund des Untersuchungsgegenstands ein besonderes Gewicht zukommt. Das bedeutet, man blendet bewusst gewisse Elemente aus, um den für die Untersuchung relevanten Personengruppen näher zu kommen. Die Vorteile der höheren Effizienz gehen jedoch auf Kosten der Objektivität, da die Entscheidungskriterien subjektiv beeinflusst sind. Dennoch ist dieses Verfahren für die Praxis sehr empfehlenswert. Ein Beispiel aus der Beratungspraxis soll dies veranschaulichen:

 Praxisbeispiel:
Der Inhaber eines Möbelhauses wollte das Image seines Traditionsunternehmens am regionalen Markt (Einzugsbereich ca. 120.000 Einwohner in einem Umkreis von 35 km) erforschen. Die Stichprobe sollte aus Kostengründen möglichst klein, aber auch weitestgehend repräsentativ sein. Die Informationen des Statistischen Bundesamtes über die Region gaben die Struktur der Stichprobe in puncto Geschlechtsverteilung und verschiedenen Altersklassen vor. Zusätzlich wurden die

> Altersklassen der Kundenstruktur herangezogen, denn es machte in diesem Fall Sinn, die kaufaktiven Altersgruppen von 18–65 Jahren zu untersuchen. Nun waren wir in der Lage, die Geschlechterverteilung pro Altersgruppe genau festzulegen und somit die Stichprobe mit einem Umfang von 500 Personen exakt zu definieren. Zehn Interviewer wurden mit einem klaren Auswahlauftrag versehen. Jeder Interviewer hatte 50 Interviews durchzuführen. Es war genau vorgegeben, wie viele Frauen und Männer pro Altersklasse in diesen 50 Interviews enthalten sein mussten. Zusätzlich wurden die Interviewer flächendeckend an strategischen Punkten der Region mit hoher Personenfrequenz verteilt. Auf diese Weise wurde die Gefahr stark eingegrenzt, dass nur dem Interviewer „sympathische" Personengruppen befragt wurden. Zusätzlich war die regionale Verteilung der Auswahl gewährleistet. So kam ein Ergebnis zustande, dass für die weiteren Vorgehensweisen des Möbelhändlers entscheidend war und darüber hinaus durchaus repräsentativen Charakter hatte.

6.2.4 Stichprobengröße und Stichprobenfehler

Nun wissen Sie, wie Sie Stichproben auswählen können. Jetzt stellt sich die Frage, wie groß eine Stichprobe sein soll, um verlässliche Ergebnisse zu liefern. Man kann grundsätzlich feststellen, dass die Stichprobe so klein wie möglich (Kosten!) und so groß wie nötig (Verlässlichkeit!) sein sollte. Angelehnt an *Ebster* kann man sich an folgenden Richtwerten aus der Praxis orientieren:

Nichtrepräsentative Stichproben	
Einzelgespräche	1 bis 5
Expertengespräche	5 bis 10
Gruppendiskussionen	8 bis 12 pro Gruppe
Repräsentative Studien	
Auswahl aus Kundendateien	200 bis 300
Schriftliche Befragungen	Ab 200
Mündliche Befragungen	Ab 120
Gesamtbevölkerung	500 bis 2.500

Die Größe der Stichprobe ist verantwortlich für die Verlässlichkeit eines gemessenen Wertes. Je kleiner die Stichprobe ausfällt, desto höher können die Stichprobenfehler sein. Wenn Sie beispielsweise in einem Ort mit 10.000 Einwohnern 50 Personen nach dem Bekanntheitsgrad eines Betriebs fragen und einen Wert von 60 Prozent erhalten, dann bedeutet das nicht automatisch, dass 6.000 Personen diesen Betrieb kennen. Es sind lediglich annähernd 6.000. Es können auch z.B. 5.200 oder 6.500 Personen sein. Je größer die Stichprobe ausfällt, desto kleiner wird das so genannte Konfidenzintervall. Ein Konfidenzintervall, auch Vertrauensbereich genannt, beschreibt den Bereich um einen errechneten Wert herum. Diese Art Puffer sollte man bei der Interpretation der Daten berücksichtigen. Für repräsentative Marktstudien ist es unerlässlich, das Konfidenzintervall genau zu bestimmen und dementsprechend die Größe der notwendigen Stichprobe statistisch zu berechnen. In der marktforscherischen Praxis geht man in der Regel von einer Wahrscheinlichkeit von 95 Prozent aus, was bedeutet, dass der errechnete Wert 2,5 Prozent höher oder niedriger sein kann (Konfidenzintervall = 5 Prozent).

In der betrieblichen Praxis, speziell bei Mittel- und Kleinbetrieben, werden nach meiner Erfahrung allerdings äußerst selten streng wissenschaftlich haltbare Ergebnisse erwartet, die statistisch repräsentativen Anforderungen genügen müssen. Eher soll die Marktuntersuchung der unternehmerischen Orientierung dienen und Entscheidungssicherheit geben. Dabei spielt es dann weniger eine Rolle, ob der Bekanntheitsgrad bei 60 Prozent oder 63 Prozent liegt, sondern ob er 60 Prozent oder 40 Prozent beträgt. Mit den angeführten Richtwerten erhalten Sie schon vernünftige Ergebnisse, und die Kosten für die Erhebung bleiben im Rahmen.

6.2.5 Systematische Fehler

Es gibt innerhalb einer Marktuntersuchung neben den Stichprobenfehlern leider eine ganze Reihe von weiteren Fehlermöglichkeiten. An dieser Stelle sollen die systematischen Fehler besprochen werden. Sie ergeben sich aufgrund der Art der Untersuchung. Drei Ursachenbereiche lassen sich hier nennen:

- Fehler durch den Untersuchungsträger (Durchführer)
  - Falsche Definition der Grundgesamtheit
  - Falsche Methodenwahl
  - Fehler in der Erhebungsdurchführung, Auswertung und Interpretation der Ergebnisse usw.
- Fehler durch die Interviewer
  - Einflussnahme durch Ausstrahlung, Benehmen, Aussehen
  - Verzerrung der Antworten durch suggestives Fragen

- Fehlerhafte Registrierung der Antworten
- Selbstausfüllen der Fragebögen etc.
- Fehler durch Probanden (Versuchspersonen, Befragte)
  - Antwortverweigerung
  - Höflichkeitsantworten
  - Äußerung von sozialem Wunschverhalten
  - Antworthemmung bei sensiblen Themen
  - Bewusste Falschantworten etc.

Diese Aufzählung stellt nur eine Auswahl an Fehlermöglichkeiten dar. Man kann diesen Fehlern jedoch vorbeugen, indem man folgende Verhaltensweisen verfolgt:

1. Gründliche und systematische Planung und Vorbereitung der Untersuchung nach den Planungskriterien, die in diesem Buch beschrieben sind.
2. Sorgfältige Durchführung, Auswertung und Interpretation der Ergebnisse.
3. Bewusste Auswahl der Interviewer (sollten nicht unter 16 Jahren sein).
4. Ausführliche Vorbereitung und Einstimmung der Interviewer. Führen Interviewer z.b. eine Imageanalyse für ein Unternehmen durch, werden sie automatisch von den Befragten als Botschafter des Unternehmens gesehen. Daraus folgt, dass korrektes und höflich-freundliches Auftreten Voraussetzung für die Tätigkeit ist (äußeres Erscheinungsbild beachten).
5. Nicht die Anzahl der ausgefüllten Fragebögen honorieren, sondern eine Vergütung für die Gesamtaufgabe vereinbaren.
6. Stichprobenkontrollen ankündigen und durchführen.
7. Fragebogen klar und eindeutig gestalten.
8. Befragungszeit möglichst auf fünf Minuten reduzieren.
9. Anonymität der Erhebung betonen und Ziel der Untersuchung offen legen.
10. Möglichst sensible Themen meiden oder am Ende der Befragung platzieren.

Diese zehn Möglichkeiten stellen eine grundsätzliche Auswahl an Verhaltensweisen dar, die jederzeit durch weitere ergänzt werden können. Wichtig ist dabei, dass Sie sich einfach bewusst sind, welche Fehlerquellen existieren und wie man sie einigermaßen reduzieren kann, ohne dass der Aufwand dafür höher wird als der Nutzen der Untersuchung.

6.3 Befragung

Nachdem Sie die Voraussetzungen zur eigenen Marktforschung geklärt haben, stehen Ihnen verschiedene Instrumente zur Erhebung der Daten zur Verfügung. Die weitaus häufigste Form der primären Marktforschung ist die Befragung. Es gibt verschiedene Möglichkeiten, Menschen zu befragen. Die wichtigsten Arten sind:

- die persönliche Befragung (Einzel- oder Gruppeninterview)
- die schriftliche Befragung
- die telefonische Befragung
- die Befragung via Internet

Welche Art von Befragung Sie in Erwägung ziehen, hängt von einer Reihe von Faktoren ab. Die persönliche Befragung ist zweifellos die intensivste Methode, die sich auch bezüglich Zeitraum und Rücklauf am besten planen lässt. Auch diese Ressourcen sind ausschlaggebend für die Auswahl der passenden Methode:

- Höhe des Untersuchungsbudgets
- Einsetzbares Personal
- Verfügbare Zeit
- Technische Hilfsmittel (PC, Internet, Telefon, Statistik-Software)
- Bereits vorhandene Informationen (Liste der Grundgesamtheit, statistische Daten etc.)

Eine Sache haben alle Befragungsarten gemeinsam – es muss ein Fragebogen oder ein Interviewleitfaden entwickelt werden. Im folgenden Abschnitt soll nun differenzierter beschrieben werden, wie man einen funktionellen Fragebogen entwickelt und was es dabei zu beachten gibt.

6.3.1 Entwicklung eines Fragebogens

Bevor Sie einen Fragebogen entwerfen, sollten Ihnen einerseits die Ziele der Befragung (siehe Kapitel 4.1) vorliegen und sollte andererseits die Form der Befragung entschieden sein. Denn nur so können Sie eine zügige und unmissverständliche Befragung und eine entsprechende grafische Aufbereitung der Antwortmöglichkeiten und Skalen im Fragebogen gewährleisten. Bei einer schriftlichen Befragung ist beispielsweise die Eindeutigkeit der Antwortmöglichkeiten in grafischer Form enorm wichtig, bei einer persönlichen Befragung ist dagegen der Interviewer für die Aufzeichnung der Antworten verantwortlich, er kann auch bei komplizierteren Skalen genau instruiert werden. Angelehnt an *Dannenberg/Barthel* können Sie sich bei Befragungen nach folgenden Ablaufphasen zur Fragebogenentwicklung richten:

6 Wie kommen Sie an unternehmensspezifische Marktdaten? Primärforschung

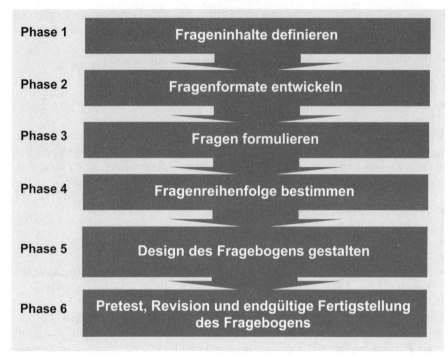

Abb. 9: Phasenablauf zur Entwicklung eines Fragebogens

Auf den ersten Blick erkennt man, dass einige Entscheidungsschritte notwendig sind, um einen für das Untersuchungsziel passenden Fragebogen zu entwickeln. Lassen Sie uns die verschiedenen Phasen einmal genauer betrachten:

Phase 1: Frageninhalte definieren
Zunächst geht es darum, die Frageninhalte zu definieren. Ausschlaggebend dafür ist die Zielsetzung der Untersuchung. Fragen Sie grundsätzlich nur das, was Sie unbedingt zur Beantwortung Ihrer eigentlichen Forschungsfrage benötigen. Es liegt in der Natur der Sache, dass es natürlich spannend wäre, viele interessante Dinge abzufragen. Man kann hier eine alte Werberegel namens „KISS" zitieren. „KISS" steht für „Keep it short and simple", was so viel bedeutet wie: „Halten Sie es so kurz und einfach wie möglich."
Es gibt laut *Dannenberg* vier grobe Fragenkomplexe, die auch in folgender Reihenfolge abgefragt werden sollten:

1. Kontaktfragen
2. Sachfragen
3. Kontrollfragen
4. Fragen zur Person

Speziell die Fragen zur Person sind erfahrungsgemäß ein sehr sensibler Bereich und kommen daher am Schluss, da bis dahin hoffentlich schon ein wenig Vertrauen in das Verfahren und evtl. auch in die befragende Person entstanden ist. Auch wenn klar dargelegt wird, dass die Befragung absolut anonym ist, haben Menschen unseres Kulturkreises ein komisches Gefühl bei persönlichen Fragen.

> Am besten gehen Sie so vor, dass Sie zunächst einmal die verschiedenen Bereiche Ihrer Forschungsaufgabe bestimmen und dadurch Fragenbereiche festlegen (z.b. Bekanntheitsgrad, Wirkung des Ladens, Auftreten der Mitarbeiter etc.). Dann spezifizieren Sie in jedem definierten Bereich die Informationswünsche. Sammeln Sie einfach alle Fragenideen, die Ihnen oder Ihrem Team einfallen, ohne sie schon vollkommen auszuformulieren und streichen Sie dann am Schluss alle Fragemöglichkeiten weg, die nicht zur Erreichung Ihres Marktforschungsziels unbedingt notwendig sind.

Phase 2: Fragenformate entwickeln

Bereits jetzt sollten Sie an die spätere Auswertung Ihrer ermittelten Antworten denken. Das Fragenformat entscheidet über die späteren Möglichkeiten, Antworten zu systematisieren, zusammenzufassen und in messbare Ergebnisse umzuwandeln. Die Art der Messung der Daten gibt somit in gewisser Weise den Rahmen für die späteren Auswertungsmöglichkeiten vor.

Man unterscheidet grundsätzlich vier so genannte Skalenformen, auch Skalierungsniveaus genannt. Diese vier Skalierungsniveaus gelten für alle Messinstrumente der Marktforschung. In der folgenden Tabelle sieht man die Unterscheidung nach Messwerteigenschaften.

6 Wie kommen Sie an unternehmensspezifische Marktdaten? Primärforschung

Allgemein	Skalierungsniveau	Beschreibung der Messwerteigenschaften	Beispiele
nicht metrische Daten (nur qualitative Aussagen sind möglich)	Nominalskala	Die Messwerte können identisch oder nicht identisch sein (keine Wertigkeit)	Geschlecht: männlich/weiblich Frage: „Trinken Sie Bier?" (Ja/Nein)
	Ordinalskala	Messwerte können bez. einer Variablen in eine Rangreihe gebracht werden	Frage: „Wie zufrieden sind Sie mit dem Service?" (sehr zufrieden, zufrieden, nicht zufrieden)
metrische Daten (qualitative und quantitative Aussagen sind möglich)	Intervallskala	Die Abstände zwischen den Messwerten können angegeben werden (willkürlicher Nullpunkt)	Temperaturangaben, Kalenderangaben: Frage: „Wann kaufen Sie Ihr nächstes Auto?" (in 2 Jahren, in 4 Monaten etc.)
	Ratioskala (Verhältnisskala)	Neben Abstandsangaben können auch Messwertverhältnisse errechnet werden (absoluter Nullpunkt)	Alter, Gehalt, Jahresumsatz: Frage: „Wie viel Prozent Ihres Monatseinkommens geben Sie für Freizeit aus?" (2%, 3% etc.)

Die vier Skalierungsniveaus stehen in einer Hierarchie von oben nach unten. Der Informationsgehalt und die Aussagekraft der Skalenniveaus nehmen von oben nach unten zu. Jedes Skalierungsniveau besitzt neben seiner eigenen zusätzlich die Informationseigenschaft der jeweils niedrigeren Skalen. Somit ist es in einer Untersuchung erstrebenswert, ein möglichst hohes Skalierungsniveau zu erreichen, da jederzeit Messwerte mit höherem Skalenniveau in niedrigere überführt werden können, aber nicht umgekehrt. Das hohe Skalierungsniveau steigert auch die Auswertungsmöglichkeiten. Welche das für die jeweiligen Skalenniveaus sind, erfahren Sie in Kapitel 7.

Es gibt eine ganze Reihe von Bewertungsskalen, von denen einige Beispiele im Folgenden vorgestellt werden sollen. Die Likert- und die Häufigkeitsskala entsprechen nach obigen Schema einer Ordinalskala. Die grafische Skala ist ein Beispiel einer Nominalskala.

Die Likert-Skala
Bei dieser Skala muss der Befragte seine Übereinstimmung mit einer Aussage kundtun. Damit überprüft man Einstellungen und Meinungen zu Produkten, Verfahrensweisen, Marken etc.

Beispiel

	stimme voll und ganz zu	stimme zu	bin unent- schieden	stimme nicht zu	stimme überhaupt nicht zu
Auf deutschen Autobahnen wird zu schnell gefahren.	○	○	○	○	○

Die Häufigkeitsskala
Diese Skala misst Häufigkeiten, also wie oft man etwas tut.

Beispiel

	immer	oft	gelegentlich	selten	nie
Wie oft stehen Sie mit dem Pkw im Stau?	○	○	○	○	○

Grafische Skala
Die Bewertungen werden durch Symbole dargestellt. Dies wirkt einladend und postitiv. Diese Methode ist besonders für die Befragung von Kindern geeignet.

Beispiel

Freundlichkeit des Personals			
Atmosphäre des Ladens			

Polaritätenprofil oder semantisches Differenzial
Bei dieser Skala muss der Befragte angeben, welcher Seite zweier gegensätzlicher Begriffe er eher zustimmt. Auch diese Skala dient der Messung von Einstellungen und ist besonders für Imageanalysen geeignet.

Beispiel

Deutsche Autobahnraststätten sind ...								
sauber	1	2	3	4	5	6	7	schmutzig
freundlich	1	2	3	4	5	6	7	unfreundlich
übersichtlich	1	2	3	4	5	6	7	unübersichtlich
sicher	1	2	3	4	5	6	7	gefährlich

Abb. 10: Verschiedene Skalentypen

> **!** In der persönlichen Beratungspraxis hat sich sehr bewährt, die Befragten nach Schulnoten bewerten zu lassen. Man kann davon ausgehen, dass die meisten Menschen in Deutschland mit dem klassischen Notensystem umgehen können. Von daher fällt es Personen relativ leicht, z.b. die Freundlichkeit des Verkaufspersonals mit Schulnoten zu versehen. Ein zusätzlicher Nutzen der Bewertung mit Schulnoten ist die spätere Übersetzung und Präsentation der Ergebnisse für die Betroffenen (in diesem Beispiel für das Verkaufsteam). Schulnoten werden schneller und leichter verstanden. Es ist von der Wirkung her beispielsweise besser zu sagen: „Das Verkaufsteam hat für die Freundlichkeit eine 3 bis 4, also eine befriedigende bis ausreichende Einschätzung, bekommen" als zu sagen: „Bei der vorgegebenen Aussage: ‚Das Verkaufspersonal ist freundlich' haben 45 Prozent der Befragten mit ‚stimme teilweise zu' geantwortet." Erstere Aussage schafft wahrscheinlich mehr Betroffenheit und die ist für einen folgenden Veränderungsprozess wichtig.

In dieser Phase stellt sich ebenso die Frage, ob Sie eher einen standardisierten oder einen nicht standardisierten Fragebogen entwickeln wollen. Standardisierte Fragebögen geben die Reihenfolge der Fragen, die Anzahl, Formulierung und auch die Art der Antworten vor und sind dadurch später untereinander vergleichbar. Nicht standardisierte Formen geben eher eine Art Gesprächsleitfaden vor, der jedoch je nach Gesprächssituation flexibel zu handhaben ist. Dies ist beispielsweise bei Expertengesprächen empfehlenswert. Eine standardisierte Form würde in diesem Fall aller Wahrscheinlichkeit nach nicht das mögliche Wissenspotenzial der Experten erschließen. Wohingegen bei größeren Stichproben die standardisierte Form schon aus organisatorischen Gründen unabdingbar ist. In dieser Phase wird auch bestimmt, ob und in welchem Verhältnis offene und geschlossene Fragen gestellt werden. Geschlossene Fragen können mit „Ja" oder „Nein" beantwortet werden oder die Antwortmöglichkeiten sind vorgegeben, bei offenen Fragen ist die Antwort frei formulierbar. Die großen Vorteile von geschlossenen Fragen sind die einfache und rationale Auswertbarkeit (Möglichkeit der Quantifizierung) und eine geringere Anforderung an die befragte Person. Offene Frage sind schwerer auszuwerten und zu vergleichen, bieten allerdings eine höhere Antwortqualität. Erfahrungsgemäß legt man bei größeren Stichproben den Schwerpunkt auf geschlossene Fragen, und bei kleineren Stichproben (z.B. Expertengespräche) werden offene Fragestellungen bevorzugt.

Darüber hinaus gibt es die Unterscheidung zwischen direkten und indirekten Fragen. Direkte Fragen (z.B. „Wie alt sind Sie?") legen das Informationsziel offen, wohingegen indirekte Fragen die eigentlich gewünschte Information verschleiern (z.B. „Hat die Wiedervereinigung eher Vorteile oder eher Nachteile gebracht? Was denken Sie, sagt die Mehrheit der Menschen in den alten Bundesländern?" kann Auskunft darüber geben, wie jemand selbst den Sachverhalt beurteilt).

In der Regel sollte man den direkten Fragen den Vorrang geben und nur in Bereichen, in denen eventuelle Vorbehalte zu erwarten sind, indirekte Fragen einsetzen. Überdies sind indirekte Fragen schwerer zu interpretieren, was u.a. zu Lasten der Gütekriterien, vor allem der Validität, geht.

Phase 3: Fragen formulieren
Die Formulierung der Fragen sollte eindeutig und unmissverständlich sein. Eine Frage, die nicht sofort richtig verstanden wird, sollte weder in einer schriftlichen noch mündlichen Befragung enthalten sein. Aus diesem Grund sollte man möglichst auf Fremdwörter verzichten und bei schriftlichen Befragungen wenn möglich keine Abkürzungen verwenden, die nicht ausgesprochen allgemeingültig sind (z.b. usw., etc., z.B.). Auch bei der Formulierung gilt die Regel „KISS", also kurze und einfache Fragen formulieren.

Phase 4: Fragenreihenfolge bestimmen
Wie schon unter Phase 1 beschrieben, sollten zunächst Kontaktfragen, dann Sachfragen, eventuell Kontrollfragen und schließlich Fragen zur Person gestellt werden. Kontaktfragen dienen dazu, den Befragten auf die Sachfragen vorzubereiten, sportlich gesprochen ein wenig „aufzuwärmen", und die Scheu vor dem Interviewer oder der Befragung abzubauen. Kontrollfragen können eingebaut werden, um zu überprüfen, ob eine tatsächliche Meinung zu einem Sachverhalt stringent vorhanden ist oder ob der Befragte ein Meinung vorgibt und diese nicht konsequent durchhält. So kann man beispielsweise am Anfang und am Ende eines Fragebogens den gleichen Sachverhalt zweimal auf unterschiedliche Weise abfragen, um dann zu analysieren, ob die Ergebnisse übereinstimmen oder voneinander abweichen. Weichen Sie voneinander ab, sollte diese Meinung zu diesem Punkt nicht in die Wertung mit aufgenommen werden, da sie anscheinend die tatsächliche Meinung des Befragten nicht eindeutig widerspiegelt.

Phase 5: Design des Fragebogens gestalten
Speziell bei schriftlichen Befragungen hat die äußere Gestaltung des Fragebogens enormen Einfluss auf die Motivation, den Fragebogen auszufüllen. Überladene, unübersichtliche, zu wissenschaftlich aussehende Fragebögen wandern allzu gern in den Papierkorb. Wie bei den Skalentypen gezeigt, motiviert eine freundliche und übersichtliche Gestaltung mehr als eine überladene und auf den ersten Blick unklare Aufmachung. Bei schriftlichen Befragungen kann die Rücklaufquote erhöht werden, wenn man besonders darauf achtet, dass es dem Befragten sehr leicht gemacht wird, den Fragebogen schnell auszufüllen. Das bedeutet, dass die Aufgaben schnell und eindeutig erfassbar sein müssen, die Beantwortung nicht zu viel Zeit in Anspruch nimmt und das Ausfüllen durch Ankreuzen erleichtert wird.

Phase 6: Pretest, Revision und endgültige Fertigstellung des Fragebogens
Ist die erste Fassung des Fragebogens fertig gestellt, dann empfiehlt es sich, einen so genannten Pretest durchzuführen. Ein Pretest ist nichts anderes als das vorherige Testen des Fragebogens mit Versuchspersonen, bevor die eigentliche Untersuchung durchgeführt wird. Je nach Größe der Stichprobe kann ein Fragebogen an einer Person bis 50 und mehr Personen ausprobiert werden. Es ist dabei von großer Bedeutung, dass die Testbefragung bei Personen angewandt wird, die der zu untersuchenden Grundgesamtheit entstammen oder vom Typus her dieser ähnlich sind. Andernfalls kann es zu völlig falschen Annahmen bezüglich der Anwendung des Fragebogens kommen. Bei einem Pretest wird offensichtlich, wie lange die Beantwortung dauert, welche Fragestellungen missverständlich oder schwierig sind und ob der Prozess zügig läuft oder immer wieder ins Stocken gerät. Sodann hat man die Möglichkeit, den Fragebogen noch mal zu überarbeiten (Revision), um dann die endgültige Version fertig zu stellen. Bei Fragebögen für persönliche und telefonische Interviews bietet sich an, bereits vorab eine Codierung der Antworten vorzunehmen. Das bedeutet z.B., dass bei geschlossenen Fragen die Antwort „Ja" immer den Code „1" erhält und „Nein" den Code „2". Dies erleichtert später die Eingabe der Daten, falls eine Auswertungssoftware benutzt wird.
Ein Beispiel für einen kompletten Fragebogen zu einer Imageanalyse finden Sie im Anhang am Ende des Buchs.

6.3.2 Persönliches Interview

Das persönliche Interview hat im Vergleich zur schriftlichen Befragung einige qualitative Vorteile, die durch den höheren Zeit- und Kostenaufwand zum Teil relativiert werden. Ein großer Vorteil ist die höhere Rücklaufquote bei mündlichen Befragungen. Die Verweigerungsquote bei Interviews ist im Vergleich zu schriftlichen Befragungen als sehr gering zu betrachten. Ein weiterer Vorteil ist die Möglichkeit, komplexere Fragen zu stellen, und das korrigierende Moment in diesem Prozess. Das heißt, ein Interviewer hat grundsätzlich die Führung und Kontrolle während eines Befragungsprozesses und damit auch die Möglichkeit, falsch verstandene Fragen zu erklären, vorausgesetzt, es ist ein geschulter Interviewer. Diese Möglichkeiten gibt es bei schriftlichen Befragungen nicht.
Die Vorteile der persönlichen Beeinflussung des Prozesses können allerdings auch Quelle unerwünschter Effekte sein. So ist es durchaus möglich, dass das Aussehen, die Sprache, das Auftreten, die Kleidung etc. eine Wirkung auf die befragte Person haben, die eventuell die Ergebnisse verfälscht. Man kann diese Effekte nie gänzlich ausschließen, da Menschen auf Menschen völlig unterschiedlich und vielfältig wirken, aber man kann sie eindämmen oder ihnen ein wenig vorbeugen.

Dies geschieht erstens durch die richtige Wahl der Interviewer. Es müssen keine teuren Profis sein, die die standardisierten Interviews durchführen. Sie können z.B. Personen aus dem persönlichen Umfeld gewinnen (Verwandte, Freunde, Kinder von Mitarbeitern etc.). Sie sollten mindestens 16 Jahre alt sein und gern mit Menschen arbeiten. Kontakt- und Kommunikationsfreude sind wichtige Voraussetzungen für diese Aufgabe. Ein attraktives und gepflegtes Äußeres erhöht z.b. bei Passanten die Bereitschaft, sich befragen zu lassen. Außerdem sollte auf eine passende Kleidung geachtet werden. Sie sollte nicht zu auffällig, sauber und ordentlich sein. Der Modestil sollte dem allgemeinen Stil der zu erforschenden Grundgesamtheit angepasst sein. Es ist leicht nachvollziehbar, dass es für einen Nadelstreifenträger schwierig wäre, eine Befragung unter Fußballfans durchzuführen, sowie es ebenso schwierig für einen Punker wäre, Manager zu interviewen. Vorteilhaft wirkt sich auch eine ausreichend laute, deutliche und wohl artikulierende Sprache aus.

Im nächsten Schritt ist die Einstellung der gewählten Personen zur Aufgabe zu überprüfen und gegebenenfalls zu trainieren. Die potenziellen Interviewer sollten wirklich Spaß an der Aufgabe haben, fremde Menschen anzusprechen und zu einem Interview zu bewegen. Teilt man diese Einstellung nicht, dann kann schnell ein Frustpotenzial aufgebaut werden, das sich auf den Befragungsprozess überträgt.

Darüber hinaus sollten die zukünftigen Interviewer so geschult und eingewiesen werden, dass sie nicht nur absolut souverän mit den Befragungswerkzeugen umgehen können, sondern auch z.B. die Quotenauswahl ihrer Stichprobe beherrschen. Sie sollten zudem ein neutrales Befragungsverhalten entwickeln, damit beispielsweise versehentlich keine Suggestivfragen (z.B. „Sind Sie nicht auch der Meinung, dass ...") verwendet oder andere beeinflussende Verhaltensweisen an den Tag gelegt werden.

Damit Fragebögen aus Gründen der „Arbeitserleichterung" nicht selbst von den Interviewern ausgefüllt werden, sollte einerseits die besondere Wichtigkeit der korrekten Untersuchung bekannt sein und andererseits stichprobenartig eine Kontrolle durchgeführt werden.

6.3.3 Telefonische Befragung

Für die telefonische Befragung gelten ähnliche Kriterien wie für das persönliche Interview. Da kein visueller Kontakt besteht, entfallen die optischen Kriterien für befragendes Personal, allerdings stehen dafür die sprachlichen Fähigkeiten und Fertigkeiten im Vordergrund. Die telefonische Befragung ist mit das am häufigsten genutzte Marktforschungsinstrument heutzutage. Nachteilig wirkt sich aus, dass zur Befragung keine Objekte, Produkte, Bilder o.Ä. gezeigt werden können. Es sollten auch nicht mehr als vier Antwortmöglichkeiten vorgegeben werden, da mehr Informationen akustisch schwer zu verarbeiten sind. Einschränkend wirkt sich auch aus, dass nicht immer alle Mitglieder der Grundgesamtheit über ein Telefon verfügen, wobei die Telefondichte in Deutschland speziell in Bezug auf Mobiltelefone in den letzten Jahren enorm zugenommen hat.

Ein weiteres Problem stellt die Erreichbarkeit der Gesprächspartner dar. Halten Sie hier bestimmte Richtlinien ein, dann können Sie die Erreichbarkeit und vor allem die Auskunftsbereitschaft verbessern. So sollten Sie Selbstständige und Führungskräfte möglichst nicht am Montag – speziell am Vormittag – kontaktieren. In dieser Zeit finden viele Besprechungen und Wochenplanungen statt. Diese Zielgruppe erreichen Sie besser an den restlichen Arbeitstagen, etwa am Spätnachmittag. Eine gute Methode ist, sich in die Gewohnheiten der genau eingegrenzten Zielgruppe hineinzudenken, um den besten Zeitpunkt für eine Befragung festzulegen. (Wollen Sie beispielsweise Hausfrauen befragen, dann ist die Mittagszeit ab 11.00 Uhr bis ca. 14.00 Uhr tabu, da diese Zielgruppe in der Regel in dieser Zeit stark beschäftigt ist.) Privatpersonen sind unter der Woche am ehesten zwischen 18.00 Uhr und 20.00 Uhr abends zu erreichen. Den Sonnabend können Sie komplett nutzen, den Sonntag sollten Sie besser aussparen.

Computerassistiertes Telefoninterview (CATI)
CATI basiert auf den Grundlagen einer herkömmlichen Telefonbefragung, unterstützt durch den Einsatz eines Computers. Der Vorteil liegt einerseits in der höheren Effizienz, da die Daten während des Gesprächs sofort in eine Datenmaske eingegeben werden, und andererseits können verschiedene technische Möglichkeiten der speziellen Befragungssoftware genutzt werden (z.B. automatische Wiedervorlage der Zielperson bei Nichterreichen, automatisierte Adressierung und Zugriff auf eine Telefondatenbank usw.). Somit kommt in der Regel eine bessere Datenqualität zustande, da die Datenerfassung direkt geschieht. Zudem fallen die Befragungszeiten kürzer aus als bei der herkömmlichen Telefonbefragung. Die Nachteile von CATI liegen in den höheren Kosten für Hard- und Software sowie für die Schulung der Interviewer.

6.3.4 Schriftliche Befragung

Nach wie vor ist die Form der schriftlichen Befragung eine sehr weit verbreitete Art der primären Marktforschung. Der Grund dafür liegt aller Wahrscheinlichkeit nach in den weit geringeren Kosten als bei personengestützten Befragungen. Die geringeren Kosten sind allerdings auch mit einem gravierenden Nachteil verbunden, und zwar der verhältnismäßig geringen Rücklaufquote. Meist sind es nur 10–20 Prozent der Fragebögen, die ausgefüllt zurückkommen. Es können auch sehr viel weniger sein, je nachdem wie interessant das Thema und wie gesättigt die Zielgruppe der ausgewählten Stichprobe in Bezug auf Befragungen ist. Es gibt eine Reihe von Möglichkeiten, wie die Rücklaufquote erhöht werden kann, zum Beispiel:

- Fragebogen mit Begründung für Forschungsvorhaben vorher ankündigen und um kompetente Unterstützung bitten
- Evtl. Bekanntmachung in der Fachpresse
- Hochwertige Aufmachung des Briefes und des Fragebogens
- Frankierte Rücksendemöglichkeiten mitschicken
- Zusage über die Zusendung der Forschungsergebnisse
- Gewinnanreize oder Geschenke
- Telefonisch nachfassen usw.

> **✗ Praxisbeispiel:**
>
> Ein amerikanischer Geschäftspartner hatte das Problem, dass der Rücklauf der von seinem Unternehmen durchgeführten landesweiten Marktuntersuchungen Jahr für Jahr zurückging. Er kam auf die Idee, ein Geschenk beizulegen, das zwar einerseits zum Ausfüllen des relativ umfangreichen Fragebogens motivieren sollte, aber andererseits auch nicht zu kostspielig sein sollte, da sonst das Kosten-Nutzen-Verhältnis ins Wanken geraten wäre. Adressaten waren Geschäftsführer mittelgroßer Unternehmen. Was schenkt man nun einem Firmenchef, um ihn zur Mitarbeit zu bewegen? Der amerikanische Unternehmer kam auf die Idee, jeweils eine selten gewordene 2-Dollar-Note zusammen mit dem Fragebogen zu verschicken; nicht als Belohnung hinterher, sondern als besonderes Geschenk vorab mit der Bitte um Mitarbeit. Der Erfolg gab ihm Recht. Die Rücklaufquote erhöhte sich, die Investition lohnte sich – auch wenn einige das Geschenk annahmen, ohne mitzuarbeiten.

Eine schriftliche Befragung funktioniert nicht nur durch persönlichen Versand, sondern kann ebenso an strategischen Orten ausgelegt werden (z.B. Gästebefragung in Hotels). So bietet sich beispielsweise an, am so genannten Point of Sale (POS), also dort, wo das Geschäft getätigt wird, Fragebögen auszulegen. Es empfiehlt sich allerdings, dass die Mitarbeiter vor Ort dies auch aktiv unterstützen, indem sie zur Mitarbeit auffordern und quasi dem Kunden in passenden Momenten den Fragebogen direkt in die Hand drücken. Sonst werden diese Unterlagen nicht sehr beachtet, außer es ist ein besonderer Event wie ein Gewinnspiel oder Ähnliches damit verbunden.

Man kann auch Befragungen per Fax durchführen. Dabei sollte man aber bedenken, dass dies unbedingt telefonisch angekündigt werden sollte, da sonst der Rücklauf eher gering sein wird. Diese Form der Befragung ist in erster Linie bei Unternehmen anwendbar, da ein Faxanschluss nicht unbedingt zur technischen Standardausrüstung deutscher Haushalte gehört.

Online-Befragung per Internet

Ein weiteres Medium, das mehr und mehr für die Marktforschung eingesetzt wird, ist die Online-Befragung per Internet. Man kann sie den schriftlichen Befragungen zuordnen, da bei Online-Befragungen ebenfalls ein Fragebogen ohne Hilfe ausgefüllt werden muss. Die Bearbeitung ist einfacher und zeitsparender, da per Mausklick und Tastatur der Fragebogen schnell ausgefüllt und sofort ohne weiteren Versandaufwand zurückgeschickt werden kann. Die Kosten sind im Verhältnis zur schriftlichen Befragung per Postversand noch mal geringer, wenn man von den Kosten für Anschaffung und Installation des notwendigen technischen Equipments absieht. Darüber hinaus können die Daten sofort elektronisch weiterverarbeitet werden, was den Arbeitsaufwand für den gesamten Untersuchungsprozess zusätzlich senkt. So gesehen ist die Online-Befragung eine sehr interessante Methode. Der Nachteil liegt wiederum bei der geringen Rücklaufquote. So kann man auch hier feststellen, dass die Kombination von verschiedenen Kommunikationsmitteln die Erfolgsquote steigern kann. So kann man beispielsweise eine Untersuchung per Telefon und/oder E-Mail ankündigen, darin auf die Wichtigkeit hinweisen und um kompetente Mitarbeit bitten. Außerdem kann zusätzlich die Aufmachung des Online-Fragebogens den Nutzer motivieren. Man bedenke nur die vielfältigen multimedialen Möglichkeiten der audiovisuellen Aufbereitung eines elektronischen Fragebogens. Bilder, Sounds, Videos können den Benutzer führen, um die Handhabung des Fragebogens zu unterstützen oder Produktbewertungen vorzunehmen usw. Man muss kein großer Visionär sein, um zu sagen, dass dies eines der wichtigsten Marktforschungsinstrumente werden wird. Vorerst wird diese Methode vorwiegend zwischen Unternehmen genutzt. Aber mit zunehmender Abdeckung der Bevölkerung mit einem Internetzugang wird sie auch im privaten Bereich immer stärker angewendet werden.

Es gibt noch eine Reihe anderer Online-Möglichkeiten, um Marktforschung zu betreiben, aber es würde den Rahmen dieses Buchs sprengen über Online-Panels, Newsgroup- und Mailinglisten-Befragungen en detail zu sprechen. Am Ende dieses Buchs finden Sie Empfehlungen für weiterführende Literatur, falls Sie in dieses spannende Thema tiefer einsteigen wollen.

6.3.5 Gruppeninterview/Kundenforum

Diese bewusst nicht standardisierte Form der Befragung (ohne standardisierten Fragebogen) stellt einerseits ein qualitativ hochinteressantes Marktforschungsinstrument dar und ist andererseits zugleich ein enorm starkes Kundenbindungsinstrument. Die Gründe dafür liegen in der sehr persönlichen Atmosphäre bei Gruppeninterviews oder Kundenforen. Den Teilnehmern wird absolute Wichtigkeit und

Wertschätzung vermittelt, da sie extra eingeladen werden, um ihre persönliche Fachmeinung als Kunde oder anderweitiges Expertenwissen mitzuteilen.

Der Unterschied zwischen einer Gruppendiskussion und einem Kundenforum liegt nicht in der Art und Weise der Durchführung, sondern einzig und allein in der Unterscheidung der angesprochenen Zielgruppe. Während man bei Gruppendiskussionen in der Regel Experten zu einem speziellen Thema einlädt, werden bei einem Kundenforum explizit die Kunden des veranstaltenden Unternehmens angesprochen. Die Teilnehmerzahl sollte sich jeweils zwischen 6 und 12 Personen bewegen. Bei einem Kundenforum können es auch bis zu 20 Gäste sein, aber trotzdem gilt: weniger ist mehr. Der Vorteil dieser freien Befragungsform beruht darauf, dass in einer relativ „intimen" Atmosphäre frei und offen über eventuelle Probleme, Verbesserungspotenziale und Wünsche gesprochen werden kann. Damit sich die Gesprächsteilnehmer öffnen und aktiv beteiligen, ist eine überschaubare Gesprächsrunde besser.

Auch wenn die Befragungsform offen ist, sollte ein Gesprächsleitfaden vorbereitet werden, damit die gewünschten Kernthemen auch angesprochen werden können. Geben Sie aber in der Einladung für die Teilnehmer (mindestens zwei Wochen vorher) nicht zu viel Ihres Vorhabens preis, damit die Diskussion flexibel gehalten werden kann. Eine besonders wichtige Funktion bei dieser Form kommt dem Moderator der Diskussion zu. Je einfühlsamer und professioneller eine solche Runde geführt wird, desto qualitativ hochwertiger sind auch die Ergebnisse. Da die Diskussion frei gestaltbar ist, kann ein geschulter Moderator jederzeit ein Thema vertiefen oder bei Diskussionsstillstand andere Themen forcieren. Es ist davon abzuraten, dass der Chef des Unternehmens diese Diskussion führt. Bei sehr dominanten Persönlichkeiten ist es oft auch besser, dass sie zwar zur Begrüßung und Verabschiedung, aber während der Diskussion selbst nicht anwesend sind. Sonst kann es sein, dass manche Teilnehmer aus Scham oder Ehrfurcht nicht offen sprechen.

Die Ergebnisse der Gesprächsrunde sollten unbedingt zeitgleich für alle visualisiert werden (Flipchart, Whiteboard, Pinnwand etc.), damit jeder Einzelne seinen Beitrag sehen kann und damit auch automatisch die Sitzung protokolliert wird. Obendrein ist es für die Stimmung vorteilhaft, wenn die Veranstaltung von einem kleinen kulinarischen Rahmenprogramm begleitet wird. Die Teilnehmer sollen sich wohl und wichtig fühlen, dann bekommen Sie auch wertvolle Informationen.

Der Nachteil dieser offenen Besprechungsform ist die schwache Generalisierbarkeit, da die Stichprobe sehr klein ist. Auch können Sie die Ergebnisse nicht in Prozentwerte gießen, sondern Sie erhalten qualitative Einzelmeinungen, die aber sehr hilfreiche Hinweise geben können. Sind Sie sich beispielsweise in der Bewertung einer geäußerten Kritik unsicher, ob mehrere Kunden so denken, dann können Sie diesen Hinweis als Anlass nehmen, eine andere Art der Befragung (schriftliche Befragung) mit einer adäquaten Stichprobengröße, die statistisch generalisierbar ist, durchzuführen.

Als Ort für die Gesprächsrunde sollten Sie einen ruhigen, angenehmen, freundlichen und möglichst störungsfreien Raum wählen. Als Sitzordnung hat sich ein „U" oder eine kreisförmige Anordnung bewährt. Keiner der Teilnehmer sollte einen anderen vor sich sitzen haben, damit jeder Einzelne direkt am Geschehen beteiligt ist und sich nicht verstecken kann.

Die Veranstaltungen sollten regelmäßig stattfinden, aber nicht zu oft: einmal pro Jahr mit dem gleichen Teilnehmerkreis ist durchaus empfehlenswert. Sie können verschiedene Foren mit unterschiedlichen Personen einberufen, aber ratsam ist nicht mehr als eine Veranstaltung pro Quartal. Denn mit der Durchführung der Veranstaltung selbst ist es noch nicht getan. Nachdem Sie erfahren, was Ihre Kunden bzw. Experten bewegt, sollten Sie dementsprechend Taten folgen lassen, denn passiert nichts, dann werden Sie bald allein in der Gesprächsrunde sitzen. Eine alte PR-Regel besagt: „Tue Gutes und sprich darüber!" Genau das sollten Sie nach durchgeführten Maßnahmen tun. Informieren Sie regelmäßig Ihre Teilnehmer über die Fortschritte und machen Sie diese publik. Ihre Kunden sollen sehen, wie wichtig Sie den Kunden oder Geschäftspartner nehmen.

> **!** Laden Sie zu einem Kundenforum auch ihre schwierigsten Kunden ein. Auf diese Weise ist es leicht möglich, aus einem „Meckerer" einen zufriedenen Kunden zu machen, weil Sie ihn besonders wichtig nehmen. In der jahrelangen Beratungspraxis habe ich vielen Skeptikern Kundenforen empfohlen. Besondere Vorbehalte gibt es grundsätzlich gegen das Einladen von besonders schwierigen Kunden. Die Erfahrung derer, die Kundenforen durchgeführt haben und es immer noch tun, ist ausnahmslose Zufriedenheit und teilweise überraschend positive Effekte. Wichtig ist dabei nur, dass Sie professionell vorbereitet an die Sache rangehen und nicht ein Forum einfach nebenbei veranstalten. Manche haben auch Angst, dass sich ein einziger Kunde darüber pikiert, wenn er nicht eingeladen wurde. Falls dies passiert, dann reagieren Sie sofort, bedanken Sie sich für das Interesse und laden Sie ihn oder sie zur nächsten Veranstaltung ein. Dann ist Ihnen schnell „verziehen".

Vergleich relevanter Kriterien der verschiedenen Befragungsarten
In der folgenden Tabelle werden die Kriterien der verschiedenen Befragungsarten gegenübergestellt, die für eine Auswahl relevant erscheinen. Die Übersicht ist an *Hammann/Erichson* angelehnt.

Kriterien	mündliche Befragungen			schriftliche Befragungen	
	persönlich	telefonisch	Gruppeninterview/ Kundenforum	traditionell	internetbasiert
Datengenauigkeit	mittel bis sehr gut	mittel bis sehr gut	mittel bis sehr gut	sehr gut	sehr gut
Erhebbare Daten	sehr groß	mittel bis sehr groß	gering	groß	sehr groß
Flexibilität	sehr hoch	mittel bis sehr hoch	sehr hoch	gering	sehr hoch
Repräsentativität	sehr hoch	hoch	gering	gering bis hoch	gering bis hoch
Umsetzungstempo	langsam	schnell	mittel	mittel	sehr schnell
Durchführungsdauer	lang	mittel	kurz	lang	kurz
Kosten pro Fall	mittel bis hoch	gering	mittel	sehr gering	mittel bis hoch
Zeitbedarf pro Fall	mittel bis hoch	niedrig bis gering	mittel	mittel	niedrig bis sehr gering
Druchführungsprobleme	zahlreich	gering	mittel	sehr gering	gering
Interviewereinfluss	sehr hoch	hoch	mittel bis sehr hoch	sehr gering	sehr gering

6.4 Beobachtung

Adolph Franz Friedrich Freiherr von Knigge hat einmal gesagt: „Beurteile die Menschen nicht nach dem, was sie reden, sondern nach dem, was sie tun. Aber wähle für deine Beobachtungen solche Augenblicke, in welchen sie von dir unbemerkt zu sein glauben." Was hier einst Knigge festgestellt hat, trifft in gewissem Maße auch für die Marktforschung zu. Bei Befragungen wird vielleicht nicht immer die Wahrheit gesagt oder eine Modelleinstellung vermittelt. Die Beobachtung als Instrument der Marktforschung kann so manche Wahrheit ans Licht bringen.

> **❌ Praxisbeispiel:**
>
> Ein großer deutscher Verlag plante, eine monatliche TV-Zeitschrift auf den Markt zu bringen. Die Zielgruppe waren junge männliche Akademiker zwischen 30 und 40 Jahren. In persönlichen Interviews wurden Vertreter dieser Zielgruppe gefragt, was sie sich in einer solchen TV-Zeitschrift wünschen. Die signifikante Mehrheit der Befragten gab unter anderem an: übersichtliches TV-Programm, News und Sport. Die Zeitschrift wurde nach den Wünschen entwickelt und floppte am Markt. Was war geschehen? Psychologische Tiefeninterviews und Beobachtungen brachten zutage, dass auch ein junger Akademiker gern Erotik und Sensationsberichte in einer Zeitschrift anschaut. Das wurde allerdings in den Interviews nicht deutlich geäußert.

Beobachtungsmethoden unterscheidet man nach unterschiedlichen Gesichtspunkten:

- Nach dem Bewusstseinsgrad des Beobachteten
- Nach dem Partizipationsgrad des Beobachters
- Nach dem Standardisierungsgrad
- Nach der Wahrnehmungs- und Registrierungsform

Bewusstseinsgrad des Beobachteten
Dieses Kriterium unterscheidet zwischen offener und verdeckter Beobachtung. Die offene Beobachtung besagt, dass die Versuchsperson weiß, dass sie beobachtet wird (z.B. Videokamera, Blickaufzeichnung etc.) und damit die Gefahr besteht, dass ein verfälschtes Verhalten gezeigt wird. Bei der verdeckten Beobachtung (z.B. Kundenlaufstudie) hat die Versuchsperson keine Ahnung, dass sie beobachtet wird und verhält sich dementsprechend natürlich.

Partizipationsgrad des Beobachters
Bei dieser Betrachtung ist entscheidend, welche Rolle der Beobachter einnimmt. Man spricht von einer teilnehmenden Beobachtung, wenn der Beobachter aktiv am Geschehen teilnimmt, z.B. als Testkunde tätig ist. Bei einer nicht teilnehmenden Beobachtung befindet sich der Beobachter im Umfeld des Untersuchungsobjekts, aber nur passiv aufnehmend (z.B. Beobachtung von Verkäuferverhalten).

Standardisierungsgrad
Systematische Beobachtungen nennt man Verfahren, die exakt strukturiert, gezielt aufgebaut und auch geplant gemessen werden. Häufig werden dabei so genannte Beobachtungsbögen verwendet. Somit ist es möglich, durch verschiedene Be-

obachter Daten und Eindrücke mit der gleichen Systematik sammeln zu lassen. Dadurch werden die erhobenen Ergebnisse später vergleichbar. Bei der unsystematischen Beobachtung ist eine Vergleichbarkeit nur schwer möglich, da die große Gefahr besteht, dass unter verschiedenen Gesichtspunkten beobachtet und bewertet wird.

Wenn Sie planen, eine Konkurrenzanalyse oder eine interne Verhaltensanalyse im eigenen Unternehmen mit Testkäufern durchzuführen, dann sollten Sie unbedingt die Bewertungskriterien vorab mithilfe eines Beobachtungsbogens exakt festlegen. Zusätzlich müssen die Testkäufer gut eingewiesen und eventuell geschult werden, damit es nicht zu starken Verzerrungen der Eindrücke kommt. Ein Beobachtungsbogen kann völlig individuell gestaltet und aufgebaut sein. Ein Beispiel soll Ihnen Orientierung geben.

Beispiel:

Beobachtungsbogen - Kundenberater

Name des Mitarbeiters:

Name des Testkäufers:

Datum/Uhrzeit:

ja/nein

1. Wurden Sie sofort wahrgenommen? ☐☐
2. Wartezeit in Minuten: _____
3. Hat der Mitarbeiter gegrüßt? ☐☐
4. Hat sich der Mitarbeiter vorgestellt? ☐☐
5. Wurde vom Mitarbeiter Ihr Name erfragt? ☐☐
6. War der Arbeitsplatz ordentlich? ☐☐
7. Hat der Mitarbeiter sein Namensschild getragen? ☐☐
8. War seine Arbeitskleidung ordentlich? ☐☐
9. Wurde ein Getränk angeboten? ☐☐
10. Hat man Ihnen einen Sitzplatz angeboten? ☐☐
11. Hat sich der Mitarbeiter voll auf Sie konzentriert? ☐☐
12. War der Mitarbeiter in irgendeiner Weise unhöflich? ☐☐
    Wenn ja, Erklärung:_____
    _____
13. Hat sich der Mitarbeiter für den Besuch bedankt? ☐☐
14. Wurden Sie korrekt verabschiedet? ☐☐
15. Besonderheiten:_____
    _____
    _____

Wahrnehmungs- und Registrierungsform
Im Regelfall erfolgt die Wahrnehmung des Beobachtungsgeschehens auf visuelle Weise mit den Augen. Es werden zur Beobachtung jedoch ebenso das Hören und Riechen zur Aufnahme und Beurteilung von Situationen gezählt (z.b. die Feststellung, dass das Parfüm einer Verkäuferin zu intensiv ist).
Darüber hinaus gibt es vielfältige technische Möglichkeiten, Untersuchungssituationen zu messen (Messung des Hautwiderstands oder der exakten Augenbewegungen etc.) oder auch automatisiert zu registrieren (z.b. Strichcode-Scanner an Registrierkassen, Lichtschranken zur Kundenzählung usw.).

Vor- und Nachteile von Beobachtungsmethoden
Wie bei jedem Verfahren gibt es auch bei der Beobachtung Vor- und Nachteile. Die folgende Tabelle zeigt die beiden Seiten:

Vorteile	Nachteile
▪ Beobachtung ist nicht von Auskunftsbereitschaft abhängig	▪ Manche Sachverhalte sind nicht beobachtbar (z.B. Bildungsgrad)
▪ Sachverhalte können ermittelt werden, die den Testpersonen selbst nicht bewusst sind	▪ Beobachtungen sind nicht immer eindeutig interpretierbar
▪ Bei verdeckter Beobachtung entsteht kein Interviewereinfluss	▪ Beobachtungssituation ist i.d.R. nicht wiederholbar
▪ Daten sind unabhängig vom Ausdrucksvermögen der Testperson	▪ Mittels technischer Apparate kann oft nur bedingt auf bestimmte Sachverhalte geschlossen werden
▪ Sachverhalte lassen sich gewünscht unverzerrt ermitteln	▪ Beobachtungskapazität ist bei persönlicher Beobachtung schnell erreicht

In den letzten Jahren hat sich ein weiterer Bereich erschlossen, der für Marktbeobachtungsstudien herangezogen wird – die Beobachtung im Internet. In diesem Bereich gibt es bereits eine Vielzahl von technischen Beobachtungsinstrumenten zur Erforschung des Internet-Users und es werden ständig neue entwickelt. An dieser Stelle möchte ich auf spezielle Literatur zu diesem Thema verweisen. Am Ende des Buchs finden Sie dementsprechende Lektüreempfehlungen, wenn Sie in dieses Thema tiefer einsteigen wollen.

6.5 Experiment

In der Marktforschung führt man Experimente durch, um einen so genannten Kausalzusammenhang zwischen mindestens zwei Faktoren zu überprüfen. Das heißt, es wird getestet, ob bei Veränderung eines definierten Faktors (z.B. Artikelpreis) sich ein weiterer festgelegter Faktor (z.B. Artikelabsatz) verändert, weil möglicherweise eine direkte Abhängigkeit besteht.

Bei Experimenten unterscheidet man zwischen Labor- und Feldexperimenten. Laborexperimente haben den großen Vorteil, dass man gewisse störende Umweltfaktoren ausschließen kann und somit die tatsächliche Wirkung eines Faktors auf einen oder mehrere andere Faktoren isolieren kann. Laborexperimente werden beispielsweise bei Produkttests, Verpackungs- und Werbemitteltests eingesetzt. In der betrieblichen Praxis kann man Laborexperimente durchführen, um z.B. die Anwendung eines neu entwickelten Produktes an kundenähnlichen Testpersonen zu überprüfen, um eventuell vor Markteintritt noch Verbesserungen realisieren zu können.

Feldexperimente werden unter „natürlichen" Bedingungen durchgeführt, d.h. in realistischer Umgebung. Typische Feldexperimente sind beispielsweise so genannte „Storetests" (engl. store: dt. „Laden"). So wird z.B. die Platzierung von Produkten in den Verkaufsregalen verändert und dann das Kaufverhalten der Kunden getestet. Ändern sich die Laufwege? Wird weniger oder mehr von einem bestimmten Produkt gekauft? Es gibt eine Vielzahl von Testmöglichkeiten, die sich auch relativ leicht auf die kleinbetriebliche Handelspraxis übertragen lassen.

> **!** Wenn Sie z.B. als Einzelhändler feststellen, dass bestimmte Produkte einen signifikanten Umsatzrückgang verzeichnen, dann testen Sie einmal bewusst kundenfreundlichere Platzierungen. Wenn Sie erfolgreich sind und sich das Produkt wieder besser verkauft, dann sollten Sie zur Überprüfung des Experiments wieder die alte Platzierung für einen gewissen Testzeitraum probieren. Wenn Sie dann wiederum einen Umsatzrückgang in diesem Produktbereich haben, dann hat es aller Wahrscheinlichkeit nach an dem Faktor „Platzierung" gelegen und nicht etwa an Trends, zufällig verstärkter TV-Werbung oder Ähnlichem.

> **❌ Praxisbeispiel:**
>
> Ein bekanntes Münchner Kaufhaus hat in den späten 90ern bewusst oder unbewusst ein Feldexperiment durchgeführt. Das komplette Angebot dieses Universalanbieters wurde auf einen Schlag um ca. 30 Prozent verringert. Das heißt, es gab auf gleich bleibender Verkaufsfläche weniger Ware zu kaufen. Die Preispolitik wurde konstant beibehalten. Innerhalb von zwei Monaten nach Bereitstellung des nun reduzierten Angebots wurde der Umsatz um ca. 20 Prozent gesteigert. Nun kann darüber spekuliert werden, was der Grund für dieses überraschende Ergebnis war. Zahlreiche Faktoren konnten bei diesem Feldexperiment für das Resultat verantwortlich sein. Nach Expertenmeinung war der ausschlaggebende Faktor die neu gewonnene übersichtliche Präsentationsmöglichkeit der Artikel. „Weniger ist mehr" wurde seitdem als Philosophie beibehalten. Unter Marktforschungsaspekten wären für diesen Schluss Kontrollexperimente nötig gewesen, um den tatsächlichen Erfolgsfaktor zu verifizieren. Ohne diese bleibt es bei einer Vermutung, auch wenn sie wirtschaftlich erfolgreich ist.

Die Regale von Supermarktketten sind genau nach den Kriterien eingerichtet und bestückt, die man in vielen Labor- und Feldexperimenten herausgefunden hat. So hat sich beispielsweise sogar aus solchen Untersuchungen ein Fachbegriff für die Süßigkeitenbereiche an den Supermarktkassen entwickelt – die so genannte „Quengelware". Beobachten Sie Eltern mit kleinen Kindern in der Warteschlange vor der Kasse, dann wissen Sie, warum der Fachbegriff entstanden und warum diese süße Ware dort platziert ist.

Manchmal hat man das Gefühl, selbst Teil eines gigantischen Feldexperiments zu sein, das man sogar noch bezahlt. Denken Sie nur an so manchen Software-Giganten, der Neuentwicklungen von Büroprogrammen und Betriebssystemen auf den Markt bringt, um dann bereits nach wenigen Wochen die ersten Verbesserungen und Fehlerkorrekturen anzubieten.

Berücksichtigt man die möglichen Fehlerquellen, dann sind Experimente als Instrument der Marktforschung ein spannendes Werkzeug, das es ermöglicht, ein Kundenverhalten immer genauer definieren zu können. Es empfiehlt sich jedoch, besser mehrere fortlaufende kleine Experimente durchzuführen als ein großes Experiment, das im negativen Fall auch größeren Schaden nach sich ziehen kann. Beispielsweise würde die Neuplatzierung von einzelnen Produkten bei Misserfolg nicht gleich die Geschäftsgrundlage infrage stellen. Eine experimentelle Veränderung jedoch, die z.B. die Halbierung des Servicepersonals vorsieht, um zu analysieren, ob die Kundentreue gleich bleibt, könnte massiv negative Konsequenzen nach sich ziehen.

6.6 Sonstige Möglichkeiten

Es gibt noch eine Reihe von Möglichkeiten der primären Marktforschung, von denen ich Ihnen zwei sehr praktikable nicht vorenthalten möchte:

6.6.1 Zusammenarbeit mit Instituten und Schulen

Die Zusammenarbeit mit Instituten und Schulen vor Ort ist eine Möglichkeit, die nur selten genutzt wird, obwohl sie einerseits eine der kostengünstigsten Möglichkeiten darstellt und andererseits verlässlichen Marktforschungsanforderungen genügt. Zunächst gilt es herauszufinden, welche Schulen oder Institute in Ihrer näheren Umgebung vorhanden sind. Für Marktforschungszwecke kommen infrage:

- Wirtschaftsschulen
- Gymnasien (Leistungskurs: Wirtschaft)
- Werbefachschulen
- Berufsschulen
- Fachhochschulen
- Universitäten

Stellen Sie als Nächstes Kontakt zu den Verantwortlichen der Institutionen her, die für Sie relevant erscheinen, und schlagen Sie ein Gemeinschaftsprojekt vor. In Wirtschaftsschulen oder Gymnasien sind die jeweiligen Fachlehrer die Ansprechpartner. So könnte aus einer Kunden- oder Passantenbefragung ein Klassenprojekt entstehen. Bringen Sie Ihr Wissen (das Sie sich gerade mit diesem Buch aneignen) in die Projektvorbereitung ein. Auch wenn die Resultate nicht immer wissenschaftlichen Kriterien standhalten, so können Sie eine Menge wertvoller Marktinformationen preiswert erhalten.

Anders sieht das bei Fachhochschulen oder Universitäten aus. Hier sind die Professoren der Fachbereiche „Betriebswirtschaft" die richtigen Ansprechpartner. Jedes Semester sucht eine Vielzahl von Diplomanden Themen für die Diplomarbeit oder einen Praktikumsplatz. Studenten sind oft sehr dankbar, wenn sie für ihre Diplomarbeit auch noch finanziell honoriert werden. Die Qualität, die sie dann erwarten können, erfüllt wissenschaftliche Anforderungen. Auf diese Weise bekommen Sie für ein vergleichsweise geringes Budget z.B. eine professionelle Marktstudie genau auf Ihr Haus und Ihren Zielmarkt bezogen. Das Gleiche gilt für Praktika. Die Studenten der Fachhochschulen müssen zwei Praktikumssemester absolvieren. An den Universitäten sind ebenso mehrmonatige Praktika üblich. In drei bis vier Monaten kann man ausreichend Marktstudien betreiben. Der Kontakt zu diesen Institutionen lohnt sich also in vieler Hinsicht.

6.6.2 Tägliche Marktforschung durch Mitarbeiter

Ein sehr wertvolles Marktforschungsinstrument, das Sie zudem sowieso schon bezahlen, das also keine weiteren Forschungskosten verursacht, sind Ihre Mitarbeiter. Jeder Mitarbeiter kann zur Erforschung des Marktes einen Beitrag leisten. Nur meistens sind sich die Mitarbeiter ihrer Funktion in dieser Hinsicht nicht bewusst, und es macht auch nur Sinn, wenn eine Systematik dahinter steckt. Mitarbeiter können z.b. die Konkurrenz testen, indem sie beobachten, wie die Wettbewerber auftreten, oder zuhören, wenn Bekannte und Freunde über Wettbewerber oder auch die eigene Firma sprechen. Sie können sogar Testkäufe oder Testbesuche abstatten usw. Entscheidend dabei ist nur, dass die gewonnenen Informationen konsequent und systematisch aufgezeichnet werden. Informationen sind nicht viel wert, wenn man sie nicht notiert, immer wieder anders interpretiert oder Details vergisst. Deshalb sollten die unterschiedlichen Informationen an einem Ort zusammengetragen und aufbereitet werden. Das können beispielsweise monatliche Teambesprechungen sein, die einen gewissen Expertenaustausch zum Thema haben.
Im Besonderen können Mitarbeiter, die persönlichen Kundenkontakt haben, zur Marktforschung beitragen. Hier kann die Methode des freien persönlichen Interviews zur Anwendung kommen. Sie können z.B. in der Verkaufsmannschaft einige grundsätzliche Fragen festlegen, die jedem neuen Kunden gestellt werden. Entscheidend ist auch hier, dass die Informationen in nachvollziehbarer Form festgehalten werden. Das kann von der einfachen Strichliste bis zum computergestützten Expertensystem in Form einer Datenbank gehen.

> **!** Aussagen wie „Wenn ich nur wüsste, welche Werbung etwas bringt und welche nicht" hört man vielerorts, speziell in Klein- und Mittelbetrieben. Hier werden oft keine Werbewirkungsanalysen durchgeführt. Dabei wäre es relativ einfach, wenn man den täglichen Kunden- und Interessentenkontakt für diese Fragestellung nutzen würde. Führen Sie die Frage: „Darf ich Sie fragen, wie Sie auf uns aufmerksam geworden sind?" als Standard ein und lassen Sie die Antworten konsequent notieren. Spätestens nach einigen Monaten können Sie mit großer Sicherheit sagen, welche eingesetzten Werbemittel zur Neukundenakquisition funktionieren und welche Sie sich sparen können.

6.6.3 Kundenveranstaltungen

In Firmenveranstaltungen wie Produktvorstellungen, Jubiläen, Tage der offenen Tür und andere Events wird viel investiert. Leider wird auch hier selten die Chance wahrgenommen, Marktforschung zu betreiben. In angenehmer Atmosphäre sind die Besucher eher bereit, in einem kurzen Interview Auskunft zu geben, als wenn sie auf der Straße angesprochen werden. Bei Firmenveranstaltungen sollten allerdings nicht die Mitarbeiter des Hauses diesen Part übernehmen, sondern externe Personen. Die Mitarbeiter werden automatisch als Gastgeber gesehen und die sollten sich dann auch um die Gäste kümmern und sie nicht interviewen.

Je nach Größe der Veranstaltung können Sie ein oder mehrere 2-Personen-Teams zusammenstellen, die während der Veranstaltung höflich, freundlich und ungezwungen die Gäste befragen. Es sollte mit einem Gesprächsleitfaden oder Fragebogen gearbeitet werden (eine Person notiert, die andere Person konzentriert sich voll auf den Gast).

Voraussetzung für eine erfolgreiche Befragung ist auch hier, dass die Interviewer adrett gekleidet sind und ein gepflegtes, attraktives Auftreten haben.

6.6.4 „Pin-up"-Methode

Abschließend zur Primärforschung möchte ich Ihnen eine Methode vorstellen, die in besonderem Maße Ihr Budget und Ihre Arbeitszeit schont und trotzdem wertvolle Kundeninformationen liefern kann. Der Name stammt nicht von den Pin-up-Girls der 40er-Jahre, sondern leitet sich aus dem englischen Begriff „to pin up" (dt. anstecken) ab. Es funktioniert so:

Sie organisieren sich eine Landkarte Ihres regional definierten Marktes. Das kann ein Stadtplan, eine Landkreiskarte oder Ähnliches sein. Befestigen Sie diese Karte an einer Pinnwand und hängen Sie sie gut erkennbar in dem Bereich auf, in dem Sie auf Ihre Kunden treffen (Verkaufsraum, Schauraum, Eingangsfoyer, Zentrale etc.). Bereiten Sie zusätzlich drei Boxen mit verschiedenfarbigen Pinnnadeln vor (z.B. Rot für die Damen, Blau für die Herren und Gelb für Kinder). Zuletzt versehen Sie die Pinnwand mit einer einfach gehaltenen schriftlichen Anweisung, die besagt, dass jeder Besucher die für ihn passende Nadel dort hineinstecken darf, wo er wohnt. Und dann brauchen Sie nur noch zu warten.

Ein Mensch dokumentiert gern, woher er kommt. Je nach Besucherfrequenz sehen Sie bald, aus welchen Teilregionen Ihres Marktes die Kunden und Interessenten kommen. Zusätzlich können Sie nach Geschlecht unterscheiden. Falls sich auf Dauer auf Ihrer Karte unberührte Flecken auftun, sollten Sie genau dort kommunikativ handeln, sei es mit einer Postwurfsendung oder einem Event vor Ort – alle Möglichkeiten der Kommunikationsinstrumente stehen Ihnen zur Verfügung.

Übung:

Versuchen Sie eine Reihe von Forschungsfragen zu formulieren, die Sie gern mit den vorgestellten Instrumenten der Primärforschung klären wollen. Notieren Sie dann die Instrumente, die dafür infrage kommen und nennen Sie zusätzlich die Gründe dafür.

7 Statistische Auswertungsmöglichkeiten

Ihre gewonnenen Daten wollen Sie selbstverständlich auswerten. Sie greifen in diesem Stadium auf Ihre Überlegungen zum Forschungsdesign zurück. Wie Sie in Kapitel 6.3.1 erfuhren, gibt die Art der Messung den Rahmen für die Auswertung vor. Eine Reihe statistischer Auswertungsmöglichkeiten steht Ihnen nun – entsprechend der Skalierung Ihrer Messwerte – zur Verfügung.
Der Rahmen dieses Buchs reicht bei weitem nicht aus, um in diese Thematik vertieft einsteigen zu können. Für die praktische Umsetzung in kleineren und mittleren Unternehmen sollten exemplarische statistische Verfahren ausreichen, um unternehmerische Entscheidungen treffen zu können. Falls bei Ihnen die Neugier nach mehr Statistikwissen ausgelöst wurde, dann verweise ich gern auf ausführliche Fachliteratur, die Sie im Anhang finden.

Folgende Grafik zeigt im Überblick, wie sich die Analyseverfahren aufteilen und wie sie zusammenhängen. Es wird auf der obersten Ebene unterschieden nach univariaten, bivariaten und multivariaten Analyseverfahren. „Univariat" bedeutet, dass nur eine Variable gemessen wird und damit ist nur eine eindimensionale Verteilung möglich (z.B. Alter, Gehalt etc.). Untersucht man dagegen zwei unterschiedliche Variablen, dann spricht man von bivariaten Verfahren (weiblich/männlich oder Raucher/Nichtraucher). Multivariate Analyseverfahren werden herangezogen, wenn man mehr als zwei Variablen in Verbindung bringen will (weiblich/männlich und Raucher/Nichtraucher und Alter).

102 7 Statistische Auswertungsmöglichkeiten

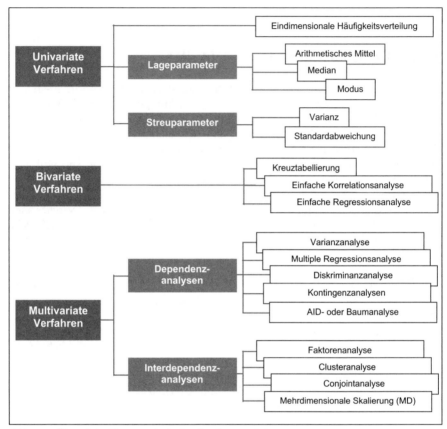

Abb. 11: Übersicht über statistische Analyseverfahren

Die Möglichkeiten der Analyseverfahren erscheinen auf den ersten Blick kompliziert. Erfahrungsgemäß bewegen sich die meisten Erhebungen von Unternehmen im Bereich der univariaten, manchmal auch der bivariaten Analysemethoden. Multivariate Verfahren werden in erster Linie von Marktforschungsinstituten durchgeführt, die auch mit dementsprechender Auswertungssoftware ausgestattet sind und die Spezialisten zur Verfügung haben, die solch komplizierte Verfahren beherrschen. Aus diesem Grund werden im Folgenden auch nur die univariaten und die bivariaten Verfahren genauer besprochen.

7.1 Univariate Analysemethoden

Eindimensionale Häufigkeitsverteilung
Mit dieser Methode werden die erhobenen Werte einfach gezählt, um dann die absolute oder relative Häufigkeit zu errechnen. Beispielsweise werden Marktanteile in Prozent vom Gesamtmarkt angegeben. Dies stellt eine relative Häufigkeit dar. Die Darstellung absoluter und relativer Häufigkeiten ist mit erhobenen Daten jeder Skalierung durchführbar.

Arithmetisches Mittel
Das arithmetische Mittel wird auch als Mittelwert bezeichnet. Es kann ab einer metrischen Skala angewendet werden. Wenn z.B. in einer Imageanalyse das Durchschnittsalter der männlichen Ladenbesucher bewertet werden soll, dann errechnet sich das arithmetische Mittel aus der Summe der Einzelwerte dividiert durch die Anzahl der männlichen Personen, die ihr Alter angegeben haben. So wird ein Altersdurchschnitt berechnet, der einen klassischen Mittelwert darstellt. Er wird bei Imageanalysen sehr häufig verwendet.
Das arithmetische Mittel berechnet sich aus den Beobachtungswerten x_i (i=1, 2, ... n):

$$\bar{x} = \frac{x_1 + x_2 + ... + x_n}{n} = \frac{\sum_{i=1}^{n} x_i}{n} = \frac{1}{n} \sum_{i=1}^{n} x_i$$

Median
Der Median oder Zentralwert halbiert eine nach der Größe geordnete Reihe von Merkmalswerten. Das bedeutet, dass 50 Prozent aller erhobenen Werte größer als dieser Wert sind und 50 Prozent kleiner. Die Berechnung des Medians ist sinnvoll bei sehr kleinen Stichproben, wenn das arithmetische Mittel durch „Ausreißer" zu stark verzerrt wird. Für den Median ist mindestens eine Ordinalskala notwendig.
Ist die Anzahl der Elemente ungerade, so ermittelt sich der Median aus:

$$\frac{n+1}{2}$$

Ist die Anzahl der Elemente gerade, so liegt der Median zwischen:

$$\frac{n}{2} \text{ und } \frac{n}{2} + 1$$

> **X Praxisbeispiel:**
>
> Sie führen eine Kundenbefragung bei fünf Personen durch. Es wird die Freundlichkeit des Servicepersonals bewertet. Vier Kunden geben Ihrem Servicepersonal die Note „1" und ein Kunde gibt die Note „6". Der konstruierte Fall zeigt, dass hier der „Ausreißer" das Bild verzerren kann. Dies würde Ihrer Servicemannschaft aber nicht gerecht werden. Hier bringt die Berechnung des Medians eine reale Einschätzung:
> Die Zahl der Elemente ist ungerade (1; 1; 1; 1; 6; n=5). Der Median ist somit der dritte Wert (6/2=3).

Modus
Der Modus zeigt den häufigsten Wert einer Häufigkeitsverteilung auf. Für ihn gelten die gleichen Anwendungskriterien wie für den Median. Ist die Stichprobe groß genug (in der Regel mehr als 30 Elemente), dann geht man von einer so genannten normal verteilten Stichprobe aus. Das heißt, es gibt keine die Aussagekraft verfälschenden, ungewöhnlichen Werte und dann ist das arithmetische Mittel vorzuziehen. Der Modus ist für alle Skalenarten, also auch für nominal gemessene Merkmale anwendbar. Im obigen Beispiel ist der Modus der Wert „1".

Im Unterschied zu den vier gerade beschriebenen Analysemethoden, die zu den Lageparametern gezählt werden, sind nun die Methoden an der Reihe, die man zu den Streuparametern zählt. Sie geben nicht die genaue Lage eines Wertes wider, sondern zeigen, wie stark oder schwach die Abweichungen der Werte vom jeweiligen Mittelwert sind.

Varianz
Die Varianz eignet sich als Streuungsmaß nur für metrisch skalierte Daten. Trotzdem wird sie in der Praxis sehr häufig eingesetzt. Mit der Varianz misst man die mittleren quadratischen Abstandssummen der Messungen vom arithmetischen Mittel (mittlere quadratische Abweichung, Symbol s2). Sie berechnet sich aus den Beobachtungswerten xi (i=1, 2, ... n):

$$s^2 = \frac{\sum_{i=1}^{n}(x_i - \bar{x})^2}{n-1} = \frac{1}{n-1}\sum_{i=1}^{n}(x_i - \bar{x})^2$$

Standardabweichung

Die Standardabweichung wird zur Analyse von berechneten Mittelwerten herangezogen und ist ebenso erst mit metrischer Skalierung anwendbar. Sie berechnet sich als positive Quadratwurzel aus der Varianz:

$$s = \sqrt{s^2}$$

❌ Praxisbeispiel:

Der Verkaufsleiter eines Autohauses wollte wissen, mit welchem Preis die Fahrzeuge der Marke, die er vertrat, in seiner Region durchschnittlich angeboten wurden. Er hatte genügend Preisangaben über Testkäufe, Internet und Tageszeitung usw. gesammelt und wollte nun das durchschnittliche Preisverhalten pro Fahrzeugtyp in seinem Wettbewerbsumfeld wissen. Die arithmetischen Mittelwerte für jeden Fahrzeugtyp waren schnell errechnet, doch nun galt es, diesen Wert zu überprüfen. Denn der Mittelwert sagt noch nichts darüber aus, wie sich die einzelnen Preise verteilen, vielleicht weichen sie mehr oder weniger vom Mittelwert ab. Das heißt, es können viele günstige, aber zugleich auch viele teure Fahrzeuge in diesem Markt gehandelt werden. Dies war aber eine entscheidende Frage bei der bevorstehenden Gestaltung einer wettbewerbsfähigen Preispolitik. Die Berechnung der Standardabweichung brachte zutage, dass die durchschnittlichen Abweichungen vom Mittelwert gering waren und somit die Konkurrenzpreise eine kalkulierbare Einheit ergaben.

7.2 Bivariate Analysemethoden

Kreuztabellierung

Ein relativ einfaches Verfahren zur Analyse von Zusammenhängen zwischen zwei Variablen ist die Kreuztabelle oder auch Mehrfeldertafel genannt. Die zu untersuchenden Variablen werden in Gruppen aufgeteilt und dann alle Kombinationsmöglichkeiten in einer zweidimensionalen Tabelle eingetragen. Die absoluten und relativen Werte werden anschließend eingetragen. Ein Beispiel für eine Kreuztafel zur Überprüfung der Freizeitpräferenzen bei 1.000 Männern und Frauen könnte folgendermaßen aussehen:

> **✗ Praxisbeispiel:**

Freizeitpräferenzen	weiblich	männlich	Summe
Sport	200 (40%)	400 (80%)	600
Reisen	300 (60%)	100 (20%)	400
Summe	500 (100%)	500 (100%)	1.000

Bei diesem Beispiel wird deutlich, dass Frauen knapp das Reisen den anderen Freizeitbeschäftigungen vorziehen, wobei Männer überwiegend Sport treiben. Offensichtlich besteht ein Zusammenhang zwischen Geschlecht und Freizeitpräferenzen. Ob diese rein deskriptive, also beschreibende Betrachtung auf eine größere Gruppe übertragen werden könnte oder ob die Unterschiede signifikant sind, müsste nun mit speziellen Testverfahren (z.B. Phi-Koeffizient, Chi-Quadrat-Test) überprüft werden.
Die Kreuztabellierung ist bei jeder Skalierung anwendbar.

Einfache Korrelationsanalyse
Eine der am meisten verbreiteten Verfahren zur Messung der gegenseitigen Abhängigkeit von zwei Variablen stellt die einfache Korrelationsanalyse dar. Hierfür sind wieder metrisch gemessene Werte Voraussetzung. Sie gibt mit einem Wert zwischen -1 und +1 an, wie stark ein Zusammenhang zwischen zwei Variablen besteht. Der so genannte statistische Korrelationskoeffizient zeigt bei diesen Werten an:
$r=0$:   Es besteht keine Korrelation zwischen zwei untersuchten Variablen.
$r=1$:   Es besteht eine maximale Abhängigkeit zwischen zwei untersuchten Variablen.
$r=-1$:   Es besteht eine negative Korrelation zwischen zwei untersuchten Variablen.

Will man beispielsweise herausfinden, ob die Preissenkung in einem Produktbereich zu mehr Absatz führt, dann würde man den Korrelationskoeffizienten berechnen. Ist $r=1$, dann führt eine Preissenkung zwingend zu Mehrabsatz. Ist $r=-1$ dann bedeutet dies, dass immer wenn die Preise gesenkt werden automatisch der Produktabsatz linear zurückgeht.

Einfache Regressionsanalyse
Die Weiterentwicklung der Korrelationsanalyse ist die Regressionsanalyse. Während die Korrelationsanalyse die Stärke des linearen Zusammenhangs zwischen zwei gemessenen Variablen angibt, so stellt die Regressionsanalyse die Art des Zusammenhangs dar, er wird durch eine Funktion beschrieben. Das heißt, es wird eine Wirkungsrichtung von einer Variablen zur anderen, der Zielgröße, hergestellt.

So könnte man z.b. mit der Regressionsanalyse errechnen, wie viel Geld man statistisch investieren müsste, um in einer bestimmten Region für eine bestimmte Quadratmeterzahl ein Haus kaufen zu können. Voraussetzung ist die Datensammlung von Hauspreisen und den dazugehörigen Wohnflächenzahlen. Diese zeigt einen offensichtlichen Zusammenhang zwischen der Variablen „Hauspreis" und der Variablen „Wohnfläche". Mit der Regressionsanalyse wird ein hypothetischer Zielwert errechnet, der für die untersuchte Region mit hoher Wahrscheinlichkeit gilt.

Zur exakten Berechnung dieser zwei Methoden verweise ich auf die ausführlichen Darstellungen in speziellen Statistikbüchern, Formelsammlungen oder auch die technische Unterstützung durch Computerprogramme wie die Tabellenkalkulationssoftware MS-Excel, die über diese grundlegenden statistischen Rechenfunktionen verfügt.

8 Nutzen und Umsetzen der Erkenntnisse

Nachdem nun die Daten gesammelt und ausgewertet wurden, geht es daran, sie in eine Form zu bringen, die für die spätere Umsetzung der Erkenntnisse förderlich ist. In der Regel wird ein Forschungsbericht verfasst und die Ergebnisse werden präsentiert. Dazu müssen die gewonnenen und errechneten Daten jedoch erst noch korrekt interpretiert werden.

8.1 Interpretation der Daten

Die Interpretation der gewonnenen Daten hat in Bezug auf die Konsequenzen, die aus den Erkenntnissen gezogen werden sollen, ein gehöriges Gewicht. Meistens ist es erst die Interpretation, die Erkenntnisse ermöglicht und bewirkt. Deshalb reicht die reine Auflistung von Untersuchungsergebnissen in Form von Zahlen und Fakten bei weitem nicht aus, um das Forschungsziel zu erfüllen. Die Interpretation beginnt mit dem Rückgriff auf das Untersuchungsziel, sprich mit dem Forschungsauftrag: Was sollte denn überprüft werden? Welche Entscheidungen stehen an, die auf eine Empfehlung auf fundierter Datenbasis warten?

Des Weiteren ist es empfehlenswert, die gewonnenen Daten zu überprüfen, indem man beispielsweise Ergebnisse alter Untersuchungen heranzieht, weiteres Sekundärmaterial mit den gewonnenen Daten der Primärforschung vergleicht etc. Bei umfangreichen und komplexen Untersuchungen hat die Herausarbeitung der zentralen Forschungsergebnisse einen besonderen Stellenwert.

Die Deutung der Ergebnisse im Hinblick auf die Ausgangslage des Forschungsauftrags wird inzwischen auch von Marktforschungsunternehmen mehr und mehr durchgeführt, teilweise sogar als Kernaufgabe des jeweiligen Auftrags. Der nächste Schritt nach der Deutung der Ergebnisse ist die Empfehlung. Inwieweit Empfehlungen im Forschungsbericht enthalten sein sollen, hängt jedoch vom Forschungsauftrag ab. Manchmal sind dem Untersuchungsleiter oder Marktforscher die Entscheidungskriterien nicht bekannt (z.B. aus Geheimhaltungsgründen), dann werden auch keine Empfehlungen oder Problemlösungsansätze erwartet.

Ist die Interpretation abgeschlossen, dann geht es an die Aufbereitung eines Forschungsberichts.

8.2 Verfassen eines Forschungsberichts

Der Forschungs- oder Untersuchungsbericht ist das grundlegende Werkzeug für Ihre Umsetzung der Erkenntnisse. Aus diesem Grund ist es enorm wichtig, zu wissen, für welche Person oder welchen Personenkreis der Bericht gedacht ist, z.b. nur für Sie und Ihr Team, Ihre spezielle Abteilung, das gesamte Unternehmen, Ihren Geschäftspartner, Ihren Chef …

Unzählige Forschungsberichte lagern unbeachtet in den Schubladen von Entscheidungsträgern, weil sie nicht in einer Form verfasst sind, die der jeweilige Berichtsempfänger versteht. Die gewonnenen Erkenntnisse können noch so brillant sein, entscheidend ist einzig, dass die empfangende Zielperson den Bericht versteht und gern als unterstützendes Instrument verwendet.

Oberste Priorität bei der Gestaltung des Untersuchungsberichts sollte die Übersichtlichkeit und Verständlichkeit der Sprache haben. Allzu gern verfallen professionelle Marktforscher in einen von der Statistik geprägten Wissenschaftsjargon, der zwar oftmals bewirkt, dass nicht widersprochen wird, aber andererseits auch bewirkt, dass die Passivität auf der Empfängerseite erhöht wird. Passen Sie sich diesem Stil nicht an. Sobald der Empfänger Ihrer Ergebnisse sagt: „Alles schön und gut, aber was machen wir jetzt damit?" ist während Ihrer Vermittlung etwas schief gelaufen. Folgende Punkte sollte ein Forschungsbericht mindestens beinhalten:

- Titelseite
- Inhaltsverzeichnis mit Seitenangaben
- Ausgangssituation/Ist-Stand/Forschungsauftrag
- Forschungsziele
- Untersuchungsdesign/Forschungsmethoden
- Ergebnisse der Studie
- Schlussfolgerungen/Interpretation der Ergebnisse und evtl. Empfehlungen
- Anhang (Muster des Fragebogens, Sekundärmaterial etc.)

Bilder sagen mehr als Worte – dies gilt auch für Ihren Forschungsbericht. Übersichten, Grafiken, Tabellen, Diagramme kann das menschliche Auge schneller erfassen als Text. Wenn der Forschungsbericht als Umsetzungswerkzeug dienen soll, dann ist es sehr empfehlenswert, den Kernteil des Berichtes grafisch aufzubereiten. Für die Präsentation der Ergebnisse ist dies sowieso notwendig.

8.3 Präsentationsmöglichkeiten

Die Chance einer persönlichen Ergebnispräsentation sollten Sie sich als Untersuchungsleiter nicht nehmen lassen. Hier bietet sich die Möglichkeit, die wichtigsten Erkenntnisse und Kernaussagen plastisch und verständlich aufzuzeigen. Eine Präsentation hat auch den großen Vorteil, dass Unklarheiten beseitigt und auf Fragen direkt eingegangen werden kann. Voraussetzung dafür ist eine exakte Vorbereitung, die hauptsächlich einem didaktischen Ziel dienen sollte – der Anschaulichkeit. Demzufolge ist es sehr vorteilhaft, die Forschungsergebnisse und Schlüsse daraus in einer Art zu präsentieren, die den Betrachter in die Lage versetzt, auf den ersten Blick zu verstehen, um was es geht.

Bevor man die Präsentationswerkzeuge entwickelt, sollte man sich über folgende Rahmenbedingungen Gedanken machen:

- Wem wird präsentiert? (Welche Fachsprache kann benutzt werden? Wie viel Informationen sind zumutbar? Wer ist die Zielgruppe?) **Grund:** Einplanen von Diskussionszeiten etc.
- Wo wird präsentiert? (Welche Medien können eingesetzt werden? Wie sind die Lichtverhältnisse? Wie ist die Akustik?) **Grund:** Technische Ausstattung muss eingeplant werden. Nicht alle Medien eignen sich für alle Raumverhältnisse (Licht, Akustik, Größe, Sitzordnung).
- Welches Ziel hat die Präsentation? (Welche Botschaft soll gesendet werden? Was soll mit der Präsentation erreicht werden?) **Grund:** Zuhörer sind nur bis zu einem gewissen Maß belastbar, was das Aufnehmen von Informationen angeht. Das für die Zuhörer Wichtigste sollte schwerpunktmäßig präsentiert werden.
- Wie lange dauert die Präsentation? (15-minütige Managementinfo oder Tages-Workshop?) **Grund:** Vorbereiten eines zeitlichen Ablaufplans, quasi eines „Drehbuchs".

Nutzen Sie diese vier W (Wem, Wo, Welches, Wie), um Ihre Präsentation zum Höhepunkt des Forschungsprojekts werden zu lassen. Nun gibt es grundsätzlich drei Arten, wie Marktforschungsergebnisse visualisiert werden können, und zwar in Form von Text, Tabelle oder Grafik. Beschreibenden Text sollten Sie bei einer Präsentation nur nutzen, um Forschungsfragen, Zielsetzungen, Kernaussagen oder Ähnliches zu zeigen. Texte werden bei Präsentationen schnell unübersichtlich und ermüden leicht das Publikum. Aus diesem Grund sollte Text sparsam und gezielt eingesetzt werden, denn für ausführliche Erklärungen gibt es ja den Forschungsbericht. Tabellen dienen dazu, Vergleiche zwischen unterschiedlichen Werten auf einen Blick zu gewährleisten. In einer Präsentation sind Tabellen gut einsetzbar, wenn es um verschiedene Detailinformationen geht. Allerdings sollte die Zahl der einzelnen Tabellenwerte auch nicht zu groß sein. Das birgt die Gefahr, dass sich die Teilnehmer irgendwo in der Tabelle „verlieren" und unnötige Diskussionen beginnen können. Auch Präsentationen leben von Bildern. Grafiken, Übersichten und Diagramme sind angenehmer für das menschliche Auge und haben daher auch oftmals eine höhere Überzeugungskraft. Nun gibt es eine ganze Reihe von Möglichkeiten, wie man Diagramme darstellen kann. Aber auch hier gilt der schon verwendete Grundsatz: Weniger ist mehr. Grafikprogramme verleiten gern dazu, allen möglichen „Firlefanz" in eine Grafik einzubauen. Verwenden Sie möglichst immer nur optische Verzierungen, die der Unterstreichung oder Verdeutlichung der Kernaussage des Diagramms nützen, nicht mehr und nicht weniger. Vor allem ist es wichtig, dass Sie möglichst eine Bildsprache, einen gewissen Stil konsequent durchhalten, da sich das Publikumsauge automatisch auf bestimmte Darstellungsformen einstellt. Zum Beispiel sollten verschiedene Marktanteile an einem Gesamtmarkt immer mit der gleichen Diagrammart dargestell werden.

Im Folgenden sollen eine kleine Auswahl der am meisten verwendeten Diagrammarten in Verbindung mit empfohlenen Einsatzzwecken gezeigt werden.

Balkendiagramm

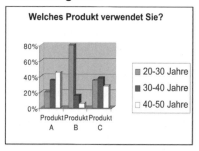

Kreis- oder Tortendiagramm

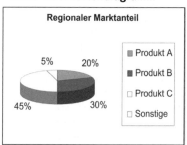

Liniendiagramm

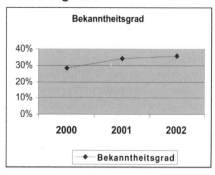

Piktogramm

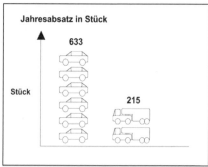

Das Balkendiagramm ist eines der Standarddiagramme bei Präsentationen. Mit Balkendiagrammen kann man einfach zwei oder mehrere absolute Größen im Vergleich gegenüberstellen und damit Zahlenverhältnisse zeigen. Das Kreis- oder Tortendiagramm ist hervorragend geeignet, um verschiedene Mengenanteile an einem Ganzen zu zeigen. Das Liniendiagramm wird in erster Linie zur Demonstration von Entwicklungen verwendet. Das Piktogramm überzeugt durch Anschaulichkeit, was aber zu Lasten einer exakten grafischen Darstellung von Werten geht.

Es gibt noch zahlreiche weitere Möglichkeiten, abstrakte Zahlenwerte in anschauliche Diagramme zu verwandeln. Jedes einschlägige Tabellenkalkulationsprogramm hat eine Diagrammfunktion, die schnelle Diagrammentwürfe ermöglicht. Nutzen Sie dies, Ihr Publikum wird es Ihnen danken.

8.4 „Übersetzen" der Erkenntnisse für die Mitarbeiter

Der beste Bericht und die eindrucksvollste Präsentation ist nur halb so viel wert, wenn die betroffenen Personen, die die gewonnenen Erkenntnisse umsetzen sollen, diese nicht direkt mit dem eigenen Tätigkeitsbereich in Verbindung bringen können. Aus diesem Grund ist es oft notwendig, Marktforschungsergebnisse in direkte Praxiswerte, die z.B. auf einen Arbeitsplatz bezogen sind, zu „übersetzen".

> **✗ Praxisbeispiel:**
>
> Mitarbeitern und Geschäftsführer eines Autohauses präsentierte ich die jährliche händlerbezogene Imageanalyse des Herstellers. Es herrschte gute Stimmung, und alle einschließlich des Geschäftsführers waren zufrieden, da die Ergebnisse nicht schlechter waren als der Durchschnitt der gesamten Region. Man fühlte sich in der Arbeit bestätigt, und es bestand in den Augen der Geschäftsführung überhaupt kein Bedarf, irgendetwas zu verändern. Bei der Frage zur Transparenz und Offenlegung der Reparaturrechnungen hatte das Autohaus sogar ein wenig besser abgeschnitten als der regionale Durchschnitt. Erst als ich dieses Ergebnis in die Praxis „übersetzte", wurden die Mienen dunkler, und eine gewisse Betroffenheit machte sich breit. Die auf den ersten Blick geringe Zahl der laut Imageanalyse mit der Rechnungslegung unzufriedenen Kunden ergab mit dem Kundendurchlauf pro Woche multipliziert 35 Kunden pro Woche, die nicht zufrieden sind. Nachdenklichkeit kam auf. Als ich dann noch dem Kundendienstleiter vorschlug, er solle sich jede Woche eine Gruppe von 35 unzufriedenen Kunden vor seinem Schreibtisch vorstellen, und ihn fragte, ob er immer noch der Meinung sei, dass man nichts verbessern bräuchte, wurde klar, dass gehandelt werden musste.

Wenn also Marktforschungsergebnisse zu einer Umsetzung führen sollen und nicht dem Selbstzweck dienen, dann achten Sie darauf, dass die Menschen, die entsprechend der Ergebnisse handeln sollen, auch genau verstehen, was die Untersuchung über das eigene Tätigkeitsfeld aussagt. Dies beginnt bei Befragungen bereits mit der Art der Bewertungsmöglichkeiten. Die schon angesprochene Schulnotenbewertung hilft z.B., um die Ergebnisse einer Imageanalyse plausibler erscheinen zu lassen. Noten kennt jeder aus der Schule. Wenn man nun von Kunden mit Noten bewertet wird, ist die emotionale Verbindung intensiver, was es wiederum erleichtert, bestimmte Verhaltensänderungen einzuleiten.

Erst wenn mit Marktforschung eine in jeglicher Form Gewinn bringende Veränderung eingeleitet werden kann, entfaltet dieses Instrument sein wahres Potenzial.

Anhang

Fragebogen: Imageanalyse eines Autohauses

Imageanalyse für Autohaus Bremser

Befragungsort (vom Befrager einzutragen): _____ Fragebogen-Nr. (vom Erfasser einzutragen): _____

1) Kennen Sie das Autohaus Bremser?
...Ja (auf Anhieb) _____ ...Nein

2) Wie sind Sie auf das Autohaus Bremser aufmerksam geworden?
...durch Empfehlung
...durch Annoncierung im Kfz-Markt einer regionalen Zeitung
...durch Zeitungsannoncen
...bin schon daran vorbeigefahren
...auf andere Weise, welche: _____

3) Ausstattung des Autohauses Bremser: Wie bewerten Sie mit Schulnoten von 1-6: (Bitte die jeweilige Note ankreuzen.)

Parkplatzsituation ① ② ③ ④ ⑤ ⑥
Ausstellungsräume ① ② ③ ④ ⑤ ⑥
Angebot an Neu-Fahrzeugen ① ② ③ ④ ⑤ ⑥
Angebot an Gebraucht-Fahrzeugen ① ② ③ ④ ⑤ ⑥
Angebot an Zubehör (Felgen, Spoiler, etc.) ① ② ③ ④ ⑤ ⑥
Bestückung des Ersatzteillagers ① ② ③ ④ ⑤ ⑥

4) Hatten Sie Ihr Fahrzeug bereits in der Werkstatt des Autohauses Bremser und aus welchem Grund?
...Ja ...Nein
...zum vorgeschriebenen Kundendienst ...da Fahrzeug woanders gekauft
...zum Winter- bzw. Frühjahrs-Check ...da Standort ungünstig für mich
...wegen einer Reparatur ...da kein Vertrauen
...wegen eines Zubehöreinbaus ...da zu teuer
...weil: _____ ...weil: _____
(Bei „Ja" weiter mit Frage 5, ansonsten Frage 6)

5) Waren Sie zufrieden mit der Arbeit des Autohauses Bremser? Wie bewerten Sie mit Schulnoten von 1-6: (Bitte die jeweilige Note ankreuzen.)

Terminabsprache ① ② ③ ④ ⑤ ⑥
Anbieten von Service-Leistungen ohne Nachfrage durch den Kunden ① ② ③ ④ ⑤ ⑥
Mängel sind erkannt und beseitigt worden ① ② ③ ④ ⑤ ⑥
Information über unvorhergesehene zusätzliche Kosten vor Erledigung ① ② ③ ④ ⑤ ⑥

Fragebogen

	1	2	3	4	5	6
Nachfrage nach 14 Tagen, ob mit der Arbeit der Werkstatt zufrieden	①	②	③	④	⑤	⑥
Ausführliche Erkundigung nach Mängeln bei Annahme des Fahrzeuges	①	②	③	④	⑤	⑥
Erklärung der Rechnung / der getanen Arbeiten	①	②	③	④	⑤	⑥
Sauberkeit des Fahrzeuges nach dem Werkstattaufenthalt	①	②	③	④	⑤	⑥

6) Service-Leistungen des Autohauses Bremser. Wie bewerten Sie mit Schulnoten von 1-6: (Bitte die jeweilige Note ankreuzen.)

	1	2	3	4	5	6
Hol- und Bring-Service	①	②	③	④	⑤	⑥
Stellen eines Ersatzfahrzeuges für den Zeitraum der Reparatur des eigenen Fahrzeuges	①	②	③	④	⑤	⑥
Betreuung bei Wartezeiten (Getränke etc.)	①	②	③	④	⑤	⑥
Anschreiben bei Fälligkeit von Kundendienst/TÜV-Vorstellung	①	②	③	④	⑤	⑥
Zusendung von Produktinformationen	①	②	③	④	⑤	⑥
Sofortige Erledigung bei kleinen Reparaturen	①	②	③	④	⑤	⑥
Direktannahme (Check des Meisters, Nennung von Dauer/Kosten der Reparatur)	①	②	③	④	⑤	⑥
Zusendung von Informationen über Neuerungen im Autohaus	①	②	③	④	⑤	⑥

7) Umgang mit Kunden im Autohaus Bremser. Wie bewerten Sie mit Schulnoten von 1-6: (Bitte die jeweilige Note ankreuzen.)

	1	2	3	4	5	6
Freundlichkeit des Personals	①	②	③	④	⑤	⑥
Hilfsbereitschaft des Personals	①	②	③	④	⑤	⑥
Handhabung von Garantie- und Kulanzfällen	①	②	③	④	⑤	⑥
Termineinhaltung	①	②	③	④	⑤	⑥
Umgang mit Beschwerden	①	②	③	④	⑤	⑥
Beratung bei Kaufinteresse	①	②	③	④	⑤	⑥

Demographische Daten: (Bei mehreren Möglichkeiten Zutreffendes zusätzlich unterstreichen!)

Geschlecht: ...weiblich ...männlich

Alter: _____ Jahre **Wohnort:** _____ **Gemeinde:** _____

Schulbildung: ...Hauptschule ...Realschule ...Gymnasium ...Universität ...Sonstige:

Berufliche Stellung: ...Schüler/Student/Auszubildender ...Selbstständiger/Freiberufler ...Arbeiter/Landwirt
...Angestellter/Beamter ...Hausfrau ...Pensionist/Rentner

Anhang

Zusätzliche Informationen

Statistische Ämter

Statistisches Bundesamt (Deutschland) / Statistischer Informationsservice
Gustav-Stresemann-Ring 11, 65189 Wiesbaden
Telefon: (06 11) 75-24 05
Internet: http://www.statistik-bund.de und http://www.destatis.de
(Zahlreiche Veröffentlichungen zur Bevölkerung und Wirtschaft Deutschlands, Herausgeber des Statistischen Jahrbuchs für die Bundesrepublik Deutschland)

Statistik Austria / Allgemeiner Auskunftsdienst
Hintere Zollamtsstraße 2b, 1035 Wien
Telefon: +43 17 11 28-70 70
Internet: http://www.statistik.at

Bundesamt für Statistik (Schweiz)
Espace de l'Europe 10, 2010 Neuchâtel
Telefon: +41 32 71 36 01 1
Internet: http://www.statistik.admin.ch

Handelskammern, Verbände und Institute

Deutscher Industrie- und Handelskammertag (DIHT)
InfoCenter, Breite Straße 29, 10178 Berlin
Telefon: Hotline (0 30) 20 30 8-16 19
Internet: http://www.diht.de

Bundesagentur für Außenwirtschaft (BfAI)
Agrippastraße 87–93, 50676 Köln
Telefon: (02 21) 20 57-0
Internet: http://www.bfai.com

Bundesministerium für Wirtschaft und Technologie
Scharnhorststraße, 34–37, 10115 Berlin
Telefon: (0 30) 20 14 90 oder (0 18 88) 6 1 50
Internet: http://www.bmwi.de
Bundesverband Deutscher Markt- und Sozialforscher (BVM)
Bundesgeschäftsstelle, Breite Straße 24, 13187 Berlin
Telefon: (0 30) 49 90 74-20
Internet: http://www.bvmnet.de und http://www.bvm.org

Deutsches Institut für Wirtschaftsforschung (DIW)
Königin-Luise-Straße 5, 14195 Berlin
Telefon: (0 30) 89 78 90
Internet: http://www.diw.de

Institut für Demoskopie Allensbach
Gesellschaft zum Studium der öffentlichen Meinung mbH
Radolfzeller Straße 8, 78472 Allensbach
Telefon:(0 75 33) 8 05-0
Internet: http://www.ifd-allensbach.de

Verband der Vereine Creditreform e.V.
Hellersbergstraße 12, 41460 Neuss
Telefon: (0 21 31) 10 90
Internet: http://www.creditreform.de

Zentralverband des Deutschen Handwerks
Haus des Deutschen Handwerks, Mohrenstraße 20/21, 10117 Berlin
Telefon: (0 30) 2 06 19-0
Internet: http://www.zdh.de

Wirtschaftskammer Österreich / Haus der Wirtschaft
Wiedner Hauptstraße 63, 1040 Wien
Telefon: +43 15 01 05-0
Internet: http://www.wko.at

Verband der Marktforscher Österreich (VMÖ)
Anastasius-Grün-Gasse, 32, 1180 Wien
Telefon: +43 47 04 72 4-57
Internet: http://www.vmoe.at/vmoe_web/indext.html

Verband Schweizer Marketing- und Sozialforscher (SMS)
Geschäftsstelle Gewerbestraße 5, 6330 Cham
Telefon: +41 74 32 41 4
Internet: http://www.swissresearch.org

Anhang

Kommerzielle Marktforschungsinstitute

A.C. Nielsen GmbH
Ludwig-Landmann-Straße 405, 60486 Frankfurt am Main
Telefon: (0 69) 79 38-0
Internet: http://www.acnielsen.de

GfK AG (Gesellschaft für Konsumforschung)
Nordwestring 101, 90319 Nürnberg
Telefon: (09 11) 3 95-0
Internet: http://www.gfk.de

Neben diesen großen Instituten bietet eine Reihe kleinerer Institute, Mediendienstleister und Unternehmensberatungen Marktforschung an.

Europäische Union

Europäische Kommission, Vertretung in der Bundesrepublik Deutschland
Unter den Linden 78, 10117 Berlin
Telefon: (0 30) 22 80-20 00
Internet: http://www.eu-kommission.de

EUROSTAT Statistisches Amt der Europäischen Gemeinschaft
Bâtiment Jean Monnet, Rue Alcide de Gasperi, 2920 Luxembourg
Internet: http://europa.eu.int/comm/eurostat

Beispiele für Suchmaschinen

Adresse der Suchmaschine	Eigenschaften	Betreiber
Informationen mit geringem Verbreitungsgrad zu mehreren Themenbereichen		
http://www.altavista.com	Standardsuchmaschine, auch geeignet zum Suchen von Spezialinformationen	AltaVista Company
http://www.anzwer.com	Spezial-Suchmaschine für die folgenden Themenbereiche: Autos, Business, Computer, Electronics, Free Stuff, Games, Health, Internet, Movies, Music, Shopping	Karlsson, Michael webmaster@chatguide.com
http://www.excite.com	Standardsuchmaschine, auch geeignet zum Suchen von Spezialinformationen	Excite Inc.
http://www.google.com	Standardsuchmaschine, auch geeignet zum Suchen von Spezialinformationen	Google! Inc.
http://www.lycos.com	Standardsuchmaschine, auch geeignet zum Suchen von Spezialinformationen	Lycos Inc.
Informationen mit geringem Verbreitungsgrad zum Themenbereich Unternehmensinformationen		
http://www.northernlight.com	Business Search vorwiegend für US-amerikanische Unternehmensinformationen	Northern Light Technology Inc.
Informationen mit geringem Verbreitungsgrad zum Themenbereich Computer		
http://www.google.com/mac.html	Spezial-Suchmaschine für Themen um Computer der Marke Apple	Google! Inc.
http://www.internet.com	Spezial-Suchmaschine zu Computer und Internet-Themen	INT Media Group
Informationen mit geringem Verbreitungsgrad zu wissenschaftlichen Themenbereichen		
http://www.britannica.com	Suchmaschine innerhalb der bekannten Enzyklopädien	Britannica.com Inc.
http://www.bionity.com	Suchmaschine für die Biotech- und Pharmabranche, in der sich mehr als 1,5 Mio. Links befinden	Chemie.DE Information Service GmbH

http://www.chemie.de	Suchmaschine zur Informationsversorgung der Industrie und Forschung in der Chemie- und Life Science-Branche. Mehr als 3 Mio. fachspezifische Dokumente wie Literaturstellen, Dissertationen, Dokumentationen und Webseiten verfügbar	Chemie.DE Information Service GmbH
http://www.dr-antonius.de	Informationen zu medizinischen Themen, die auch für Laien verständlich sein sollen	Klinikum der Johann Wolfgang Goethe-Universität Frankfurt am Main, Zentrum der Medizinischen Informatik
http://www.hausarbeiten.de	Suchmaschine für Schul- und Studienreferate	Hausarbeiten.de
Informationen mit geringem Verbreitungsgrad zum Themenbereich Reise, Tourismus und Freizeit		
http://www.fahrplan-online.de	Suchmaschine für internationale Fahrplanauskünfte	Höfele Multimedia
http://www.interequi.de	Suchmaschine rund um den Pferdesport	2befree Media
http://www.musicsearch.com	Suchmaschine zu Musikthemen	MusicSearch.com
Tagesaktuelle Informationen		
http://www.msn.com	Internationaler Nachrichtendienst von Microsoft	Microsoft Corporation
http://www.paperball.de	Zurzeit 215 Angebote von Tages- und Wochenzeitungen	Lycos Europe GmbH
http://www.presseportal.de	Aktuelle Unternehmensnachrichten	News aktuell GmbH
http://www.paperazzi.de	Paperazzi durchsucht rund um die Uhr annähern 100 Quellen nach aktuellen Nachrichten	Paperazzi AG

Beispiele für Metasuchmaschinen

Adresse der Meta-Suchmaschine	Anzahl aller Suchmaschinen, die durchsucht werden können	Beschreibung
http://nettz.de	40	Nettz ist Deutschlands größte Meta-Suchmaschine mit internationalen Möglichkeiten. Zusätzlich spezialisierte Meta-Suchmaschinen zu den Themen: Medizin/Gesundheit, Familie/Kinder, PC-Zeitschriften, Internationale Domainnamen, Share-/Freeware und Programmieren.
http://www.metamonster.com	38	Metamonster ist eine umfangreiche Meta-Suchmaschine. Die Trefferliste besteht jedoch nur aus dem jeweiligen Suchmaschinennamen und dem Suchbegriff.
http://metacrawler.de	24	Ermöglicht wird hier eine Suche durch rein deutschsprachige oder rein internationale Suchmaschinen sowie durch zahlreiche Spezialsuchmaschinen.
http://metager.de	23	Eine beliebte deutsche Meta-Suchmaschine mit internationalen Möglichkeiten.
http://www.suchen.com	16	Die Maschine bietet verschiedene Eingrenzungsmöglichkeiten bei der Sucheingabe.
http://www.netxplorer.de	15	Netxplorer bietet neben der Meta-Suche unterschiedliche Themenverzeichnisse an.
http://www.ariane6.com/ger.htm	15	Dies ist die deutsche Startseite der französischen Metasuchmaschine Ari@ne 6.
http://ixquick.com	14	Die Bewertung der Seiten erfolgt über die Vergabe von Sternen.
http://www.loap.de	13	Loap bietet zusätzlich die Suche über Spezialsuchmaschinen an.

http://apollo7.de	11	Eine gesonderte Funktion von Apollo 7 ist der „Spion". Er zeigt an, wonach andere Personen gerade bei Apollo 7 suchen.
http://www.metor.com	10	Metor arbeitet mit der zeitlichen Begrenzung der Suche.
http://www.multimeta.de	9	Multimeta bietet eine zeitliche Begrenzung des Suchvorgangs bei Eingabe der Suchanfrage.
http://ithaki.net/indexde.htm	8	Ithaki Profi-Metasuche ermöglicht die Suche nach Musik, Bildern, Angeboten im WAP-Bereich usw.
http://www.metagopher.de	keine Angabe	Der Metagopher entfernt selbstständig Dopplungen in der Trefferliste.
http://www.infotiger.de	keine Angabe	Der Infotiger bietet eine Anzeige der gerade gesuchten Begriffe.
http://www.multicrawler.de	keine Angabe	Die Statusanzeige stellt während der Suche die momentan ablaufenden Prozesse dar.
http://www.search.com	keine Angabe	Viele Suchoptionen auf internationaler Ebene werden hier angeboten.
http://www.topxplorer.de	keine Angabe	Die Suchmaschine ermöglicht die logische Verknüpfung von Suchbegriffen.

Beispiele für Mailinglisten

http://www.im-marketing-forum.de
Die Website bietet kostenlose Im-Marketing-Forum-Newsletter an mit Informationen rund um Direktmarketing und andere Marketingthemen.

http://www.kids-and-friends.de
Die Website bietet einen Newsletter mit Informationen zu Marktforschung und Fachliteratur über junge Zielgruppen an.

http://www.markt-studie.de:
Die Website bietet einen kostenlosen und unverbindlichen E-Maildienst über neu erschienene Studien, Trends, Prognosen und Marktdaten an.

Beispiele für Datenbanken und ihre Anbieter

ABI/INFORM:
Zeitschriftendatenbank; Informationen über Unternehmen, Management und Marketing; zugänglich z.b. in Universitätsbibliotheken

Bibliothek des Instituts für Weltwirtschaft:
ECONIS: Recherchemöglichkeit über Bücher, Zeitschriften, Aufsätze und insbesondere Statistiken, Wirtschafts- und Unternehmensinformationen, amtliches Schrifttum, Arbeitspapiere und Dissertationen

Bundesagentur für Außenwirtschaft:
Datenbanken über Länder und internationale Märkte

Bundesverband der deutschen Industrie:
Offizielles Exportadressbuch: Bezugsquellen und Firmenprofile der deutschen Wirtschaft

Deutsche Presseagentur (DPA):
Volltext-Datenbank mit täglicher Auswertung internationaler Nachrichten, Angebot von Branchenwissen

Genios Wirtschaftsdatenbanken, z.B:
MAER: Märkte im Ausland der Bundesagentur für Außenwirtschaft
WLW: Wer liefert was
Xtract: Wirtschaftsdaten

Gesellschaft für Betriebswirtschaftliche Information mbH, z.B.:
BLISS: bibliographische Angaben und Kurzreferate zu betriebswirtschaftlicher Literatur
FITT: Auswertung deutschsprachiger Wirtschaftspresse zu Unternehmen, Produkten, Märkten

Gesellschaft sozialwissenschaftlicher Infrastruktureinrichtungen e.V.:
FORIS: Forschungsinformationssystem Sozialwissenschaften

Hoppenstedt GmbH & Co.KG, z.B.:
Hoppenstedt Mittelständische Unternehmen: Firmendatenbank mit Business-Daten zu mittelständischen Unternehmen Deutschlands

Leibnitz-Gemeinschaft:
Hamburgisches Welt-Wirtschafts-Archiv (HWWA): Informations- und Serviceleistungen für die Wissenschaft, Wirtschaft und Wirtschaftspolitik

Verband der Vereine Creditreform e.V.:
Datenbanken mit Firmenprofilen, Wirtschafts- und spezielle Firmenauskünfte möglich

Zeitschrift „Absatzwirtschaft":
Volltext-Datenbank über Marketingveröffentlichungen

Zeitschrift „Wirtschaftswoche":
Volltext-Datenbank eigener Berichte

Literaturverzeichnis

Berekoven, Ludwig/Eckert, Werner/Ellendrieder, Peter: Marktforschung. Methodische Grundlagen und praktische Anwendung. 8. Aufl. Wiesbaden. Gabler Verlag, 1999.
Dannenberg, Marius/Barthel, Sascha: Effiziente Marktforschung. Bonn. Galileo Press GmbH, 2002.
Diller, Hermann: Neue Entwicklungen in der Marktforschung. Band 3. Nürnberg. GIM, 2002.
Donnert, Rudolf/Kunkel, Andreas: Präsentieren – gewusst wie. Praktischer Leitfaden für Moderation und Seminar unter Einsatz neuer Medien. 3., überarb. Auflage. Würzburg. Lexika Verlag, 2002.
Ebster, Claus: Marktforschung leicht gemacht. Wettbewerbsvorsprung durch Information. Wien. Wirtschaftsverlag Ueberreuter, 1999.
Kamenz, Uwe: Marktforschung. Einführung mit Fallbeispielen und Lösungen. 2., Aufl. Stuttgart. Schäffer-Poeschel Verlag, 2001.
Krämer, Sabine/Walter, Klaus-Dieter: Moderieren – gewusst wie. Gespräche leiten und moderieren. Würzburg. Lexika Verlag, 2002.
Puhani, Josef: Statistik. Einführung mit praktischen Beispielen. 9., aktualisierte Auflage. Würzburg. Lexika Verlag, 2002.
Weis, Hans Christian/Steinmetz Peter: Marktforschung. 2. Aufl. Ludwigshafen. Kiehl-Verlag, 1995.

Stichwortverzeichnis

A
Absatzpotenzial 30
Absatzvolumen 31
Alleinstellungsmerkmal 15, 25
Analysephase 18
Analyseverfahren 101 ff.
Arithmetisches Mittel 103
Auswahlverfahren 67

B, C
Balkendiagramm 113
Befragung 74 ff.
Befragung, Online- 86
Befragung, schriftliche 84
Befragung, telefonische 83
Befragungsarten 75
Bekanntheitsgrad 15
Beobachtung 89
Beobachtungsbögen 90 f.
Beschaffungsmärkte 16
Beurteilungsphase 18
Bivariate Verfahren 49
Codierung 82

D
Daten, qualitative und quantitative 32
Datenbank 48
Datenerhebung 41
Datenqualität 51
Datenquellen 52
Desk Research 46
Deskriptive Forschung 44
Diagrammarten 112

E
Entscheidungsprozesse 16 ff.
Ergebnispräsentation 111

Experiment 94
Expertenwissen 87
Explorative Forschung 44

F
Feldexperimente 94
Field Research 46
Forschungsdesign 43, 101
Forschungsplan 46
Fragebogen 75 ff., 80, 116 f.
Fragen, direkte 80
Fragen, geschlossene 80
Fragen, indirekte 80
Fragen, offene 80
Fragen, Suggestiv- 83
Fragenformate 77 f.
Frageninhalte 76 f.

G
Grundgesamtheit 67
Gruppendiskussion 87
Gütekriterien 65

H
Handlungsalternative 24
Häufigkeitsskala 79
Häufigkeitsverteilung 103

I
Image 15
Imageanalyse 44, 114
Imageprofil 34
Information 17
Informationsgrad 17
Informationsquellen 53 ff.
Interpretation 109
Interview, persönliches 82

K
Kausalanalytische Forschung 45
Kommunikationspolitik 15
Konkurrenzanalysen 44
Kontrollphase 18
Konzentrationsverfahren 71
Korrelationsanalyse, einfache 106
Kosteneinsparung 26
Kreativitätstechniken 21
Kreisdiagramm 113
Kreuztabellierung 105
Kunde 10, 31 ff.
Kundenbefragung 48
Kundenforum 87
Kundennutzen 15
Kundenorientierung 26

L
Laborexperimente 94
Längsschnittanalysen 44
Likertskala 78
Liniendiagramm 113
Lösungsphase 18

M
Mailinglisten 61
Marketing 13
Marketingmix 26
Marketingproblem 42
Marketingstrategie 31
Markt 10
Marktanteil 30
Marktausschöpfung 30
Marktdaten 13, 43
Marktdurchdringung 31
Marktforschungsinstitut 43

Stichwortverzeichnis

Marktforschungsprozess 41 ff.
Marktforschungsziel 42
Marktgebiet 15
Marktinformationen 12
Marktkapazität 29
Marktkennzahlen 29 ff.
Marktpotenzial 30
Marktprognosen 44
Marktverlust 25
Marktvolumen 30
Median 103
Mehrfachnutzung 39
Meinungsforschung 13
Messung 65
Messwerteigenschaften 77
Metasuchmaschinen 58
Modus 104
multivariat 49

N
Newsgroups 61
Nutzwertanalyse 23

O
Objektivität 65
Onlinebefragung 86
Online-Datenbanken 61 f.

P
Piktogramm 113
Planungsphase 41
Point of Sale 85
Positionierung 31
Pretest 82

Primärforschung 46
Produktentscheidung 12
Produktstärken und -schwächen 15
Produktverbesserung 26
Prognosen 16

Q
Querschnittanalysen 45
Quotenverfahren 70

R
Realisierungsphase 18
Regressionsanalyse, einfache 106
Reklamationen 36
Reliabilität 65
Rücklaufquote 81

S
Sekundärforschung 46
Skalentypen 79
Skalierungsniveaus 77
smart-Kriterien 20
Standardabweichung 105
Stichprobe, repräsentative 67
Stichprobe, systematische 70
Stichprobenart 47
Stichprobenfehler 72
Stichprobengröße 47, 72
Stichprobenumfang 70
Störfaktoren 46

Suchmaschinen 58
Suchoperatoren 60
Suggestivfragen 83
systematischer Fehler 73

T
Teilerhebung 68
Themenverzeichnisse 57
Tortendiagramm 113

U
Umsetzungsprozess 50
Umwelt 36 ff.
univariate Verfahren 48
Unternehmenskultur 36
Ursache-Wirkung-Aussage 45

V, W
Validität 65 f.
Varianz 104
Virtual Communities 62
Vollerhebung 67
Werbemaßnahmen 15
Wettbewerber 15
Wettbewerb 25 ff.

Z
Zielfindungsphase 18
Zielformulierung 20
Zielgruppe 15
Zufallsauswahl 68
Zukunftsmärkte 19